SECRETOS CREDITICIOS

La guía completa para verificar y reparar un puntaje de crédito negativo para tomar el control total de su crédito y finanzas.

Andrew Bennet

Tabla de contenido

Cómo Aumentar Tu Puntaje De Crédito

STEP 1

STEP 2

Cómo Reparar Tu Crédito

STEP 3

Introducción

Tanto FICO como *Vantage Score* indican que aproximadamente dos tercios de los estadounidenses tienen una calificación de bueno a mejor. Esta estadística es prometedora para las personas que intentan generar crédito. No es tan difícil de hacer si tienes cuidado con cómo usas tu crédito disponible.

Los proveedores de hipotecas (las empresas que otorgan crédito para préstamos hipotecarios) indican que incluso las personas con puntajes crediticios bajos pueden solicitar préstamos hipotecarios. La mayor diferencia es que es posible que no obtenga condiciones favorables y buenas tasas de interés si su puntaje crediticio es bajo. Muchas instituciones crediticias exigen un pago inicial mínimo del 10% y una seguridad adicional si su puntaje crediticio es inferior a 580. Por el contrario, un puntaje crediticio superior a 580 solo requiere un pago inicial del 3,5%. Este ejemplo muestra claramente por qué una buena calificación crediticia es mejor para las personas.

¿Cuántos tipos de puntajes crediticios existen?

Las empresas tienen calificaciones crediticias al igual que las personas, pero las calificaciones funcionan de una manera ligeramente diferente. Es posible que estés operando un negocio y necesites obtener un préstamo o comprar un vehículo con fines financieros para una empresa. La principal diferencia radica en los puntajes crediticios reales: los puntajes crediticios comerciales se encuentran dentro de un rango de 0 a 100. Aún se aplican reglas similares y cuanto más cerca esté tu negocio de un puntaje de 100, mejor será para tus solicitudes de crédito.

La puntuación de *Experian* se divide en más segmentos: empresas de alto riesgo puntúan de 1 a 10; puntuación de riesgo medio a alto de 11 a 25; El riesgo medio lo obtienen las empresas con una puntuación de 26 a 50. Los segmentos se vuelven un poco más grandes. Las empresas que obtienen una puntuación entre 51 y 75 representan un riesgo de bajo a medio para los prestamistas, y el riesgo más bajo es cuando una empresa tiene una puntuación de 76 a 100.

Equifax funciona de manera ligeramente diferente. Tienen un sistema de clasificación para el historial de pagos y otro para la probabilidad de que tu negocio fracase. En lugar de describir los puntajes en términos de riesgo, *Equifax* ofrece una clasificación basada en cómo pagas o qué tan atrasado está el pago a tus acreedores. Pagar a tus acreedores según lo acordado da una puntuación de 90 a 100; si pagas en los 30 días siguientes a la fecha de vencimiento, entonces tu puntaje es 80 - 89. Un puntaje de 60 - 79 se atribuye al pago de 31 a 60 días después de la fecha de vencimiento. Pagar a los acreedores con un retraso de 61 a 90 días resultará en una puntuación de crédito de 40 a 59; mientras que se otorga una puntuación de 20 a 39 para el pago entre los días 91 y 120.

Algunos prestamistas utilizan un puntaje de aplicación entre 100 y 990, y un puntaje de óptica crediticia de *ID Analytics Inc.* entre 1 y 999.

Varios sitios web (*Trans Union, Equifax, Credit Karma, Credit Sesame,* etc.) ofrecen diferentes puntajes crediticios a los consumidores, pero los prestamistas no los utilizan. *Innovis, ChexSystems* y *PRBC* son otras empresas que producen puntajes crediticios utilizados por algunos prestamistas.

Esto es realmente todo lo que necesitas saber si tienes una puntuación de ventaja de cada una de las oficinas. Usan exactamente la misma fórmula porque todos unieron sus fuerzas para crear la fórmula. Tendrías exactamente el mismo puntaje de ventaja de cada oficina si tuvieras la misma información en cada oficina. Aunque es muy poco probable que tengas la misma información en todas las oficinas. El *Vantage Score* es utilizado por solo el 10% de los prestamistas.

También obtienes un puntaje FICO de cada oficina. Utilizado por el 90% de los prestamistas de crédito. Esta puntuación también sería la misma para cada oficina si tuvieras la misma información en cada oficina. De nuevo, esto es muy poco probable.

También tienes puntuaciones FICO específicas de la industria de cada una de las oficinas. Tarjetas de Crédito, Industria Automotriz, Préstamo a Plazos, Finanzas Personales y finalmente Hipoteca.

Tres agencias de crédito principales, tres calificaciones crediticias, dos modelos de agencias de calificación.

Hay 3 agencias de crédito principales que procesan los números y crean un puntaje de crédito que define tu puntaje: *Trans Union, Equifax* y *Experian* (de hecho, hay otras compañías, más pequeñas, pero estas son las 3 en las que nos enfocaremos). Cada agencia de Crédito analiza diferentes aspectos de tu perfil financiero. Lo que esto significa es que, por ejemplo, *Experian* considerará seriamente los pagos atrasados con tarjeta de crédito, pero es posible que *Equifax* no se concentre tanto en eso.

Capítulo 1: Qué es el puntaje de crédito

Qué afecta tu puntaje crediticio

Las tres agencias de crédito principales calculan su puntaje FICO cuando le asignan un puntaje de crédito. Los puntajes FICO se componen de los cinco factores clave de "historial de pagos, nivel actual de endeudamiento, tipos de crédito utilizados, duración del historial crediticio y nuevas cuentas de crédito" (Hayes, 2019, párr. 1) para calcular su puntaje. Dado que las empresas más grandes se centran en estos factores, aumentar su puntaje crediticio generalmente implica abordar estas áreas y realizar cambios cuando sea necesario para obtener mejores puntajes en cada campo. Si bien los cinco factores contribuyen a su puntaje general, su historial de pagos y su nivel actual de deuda son los más ponderados, así que veamos estos primero.

Historial de pagos anteriores

Proporciona información sobre todos sus pagos de deudas anteriores, incluida la rapidez con la que los pagó, si cumplió con todas las fechas de vencimiento de pago a tiempo, si incurrió en cargos por pago atrasado y si en repetidas ocasiones no hizo pagos y terminó en cobros.

Este puntaje se calcula utilizando todas las formas de pago, que abarcan desde hipotecas de vivienda hasta tarjetas de crédito y deudas por préstamos estudiantiles. No incluye los préstamos otorgados por amigos y familiares, ya que estos préstamos no se informan a las agencias de créditos y, por lo general, lo único que corre el riesgo de no pagarlos de manera oportuna es provocar la ira de sus amigos.

Aunque se le llama historial de pagos, esto no significa que algunos pasos en falso le impidan obtener un puntaje crediticio más alto de forma permanente. Las deudas que van a cobrar y declararse en quiebra pueden afectar gravemente su puntaje crediticio cuando ocurren, pero si procede a acumular muchos pagos a tiempo y demuestra que ha cambiado la forma en que maneja sus finanzas, puede ayudar a equilibrar estos pocos acontecimientos positivos e incluso superarlos.

El historial de pagos les brinda a los prestamistas la mejor imagen de cómo es usted como deudor y cuánto riesgo correrían si lo aprobaran. La mejor manera de tener un puntaje crediticio saludable es asegurarse de que su historial de pagos esté en orden, lo que puede lograr haciendo siempre al menos los pagos mínimos a tiempo y tratando de no utilizar la cantidad máxima de crédito que se le otorgó.

Monto total de la deuda

Su nivel de deuda representa el 30% de un puntaje de crédito FICO, lo que lo hace casi tan influyente como su historial de pagos. Tener demasiadas deudas pendientes puede hacer que los acreedores no estén dispuestos a darle una nueva, ya que no están seguros de si puede o no manejar tanta deuda a la vez. Por ejemplo, si ya debe $ 80,000 en préstamos estudiantiles, puede ser difícil obtener la aprobación de una hipoteca sobre una casa de $ 300,000, ya que esto le supondría una deuda muy alta. Cuanto mayor sea su deuda total, es menos probable que pueda pagarla, lo que puede hacer que los prestamistas se sientan inseguros. Los saldos de crédito que están al máximo o por encima del límite disponible realmente perjudican su puntaje en esta categoría.

Tenga en cuenta que su nivel de ingresos actual no es parte de su puntaje crediticio, por lo que incluso si gana mucho más que sus deudas actuales, estas pueden dañar su puntaje. Digamos que gana $ 150,000 al año, pero tiene $ 30,000 en deudas de tarjetas de crédito impagas. Probablemente podría permitirse pagar una gran cantidad, pero si simplemente realiza el pago mínimo cada mes, el resto todavía cuenta como deuda pendiente. Si puede realizar pagos y reducir sus deudas, debe hacerlo siempre que sea posible.

Duración del historial crediticio

Constituye el 15% de su puntaje de crédito FICO, por lo que es relativamente importante, pero no cambia las reglas del juego. Las personas más jóvenes a menudo tienen problemas con este aspecto, ya que muchos no consideran que el crédito sea una necesidad hasta que se encuentran con un obstáculo de crédito que se interpone en el camino de una compra. Es por eso que siempre es una buena idea comenzar a revisar su crédito lo antes posible.

Tener un historial crediticio más extenso proporciona un patrón de comportamiento que muestra una imagen más completa de sus hábitos financieros. Por otro lado, un breve período de turbulencias financieras se remedia más fácilmente con un historial crediticio más largo de realizar pagos a tiempo. Esto se aplica tanto a las líneas de crédito individuales como a su historial crediticio en su conjunto.

Tipos de crédito

El crédito se divide en tres tipos principales conocidos como crédito renovable, crédito a plazos y crédito abierto. Cada uno de estos tipos trata con diferentes fuentes de préstamos. Su combinación de estos diferentes tipos de crédito representa el 10% de su puntaje de crédito FICO. Si bien está lejos de ser el factor más importante, tener un buen saldo de tipos de crédito aún puede hacer que su puntaje suba algunos puntos. Para hacerlo, debe saber qué significa cada categoría de crédito.

El primer tipo, **crédito renovable**, se asocia comúnmente con tarjetas de crédito y préstamos con garantía hipotecaria. No requiere que realice una cantidad fija de pagos, pero debe pagar un saldo mínimo basado en la cantidad de deuda que tiene cada período, generalmente mensualmente. El crédito renovable también suele cobrar intereses sobre la deuda impaga y, por lo general, establece un límite de crédito sobre cuánto puede pedir prestado a la vez. Aparte de su límite de crédito y pagos mensuales, el crédito renovable está relativamente desestructurado y le permite pagar sus deudas a su propio ritmo siempre que continúe haciendo al menos el pago mínimo.

El crédito a plazos generalmente se refiere a préstamos más grandes que usted obtiene para eventos importantes de la vida. Estos pueden ser préstamos para estudiantes, préstamos para automóviles, hipotecas, préstamos personales o muchos otros tipos. El reembolso está mucho más estructurado que con el crédito renovable. Los pagos se programan regularmente y requieren una cantidad fija que no fluctúa en circunstancias normales, aunque ciertos factores, como cambios en los términos de su préstamo o intentos de refinanciamiento, pueden alterar la cantidad que debe pagar en cada período. La mayoría de las formas de crédito a plazos tardarán un tiempo en liquidarse por completo, a diferencia del crédito renovable, que tiende a ser mucho más manejable de pagar de una vez.

Generalmente, las tarjetas de crédito y cualquier otra forma de crédito abierto requieren que pagues la totalidad del saldo al final de un período de pago, mientras que las tarjetas de crédito suelen tener un pago mínimo que no tiene en cuenta la factura completa. El crédito abierto tampoco suele tener un límite de gasto.

Idealmente, debería tener al menos dos tipos diferentes de crédito en lugar de que todo su crédito sea del mismo tipo. Sin embargo, no vale la pena abrir nuevas cuentas solo para lograr este objetivo, ya que su diversidad crediticia representa una parte baja de su puntaje y abrir demasiadas cuentas puede afectar negativamente su crédito, anulando cualquier efecto positivo.

Cantidad de crédito nuevo

Este es un factor menos conocido, pero la cantidad de nuevas líneas de crédito que abra en el último año puede afectar su puntaje. A menudo, especialmente para las personas más jóvenes y los más nuevos en crédito, se sentirá tentado a abrir varias cuentas diferentes para comenzar a construir su crédito, pero abrir demasiadas en un período corto puede dañarlo. Debe intentar mantener su número de cuentas nuevas a solo una o dos por año si puede, ya que esto minimizará el impacto en su puntaje.

Abrir nuevas líneas de crédito puede dañar su puntaje porque cada nueva línea de crédito que solicite debe verificar su puntaje crediticio. Además, una nueva línea de crédito reduce la duración de su historial crediticio, un factor de puntuación, por lo que querrá evitar crear una cantidad irrazonable de nuevas cuentas en un año.

Capítulo 2: Qué es el informe de crédito

Un informe de crédito es una cuenta completa de su historial financiero. Las agencias de crédito comienzan a recopilar información sobre usted en el momento en que solicita una tarjeta de crédito, solicita un préstamo o abre una cuenta de servicios públicos, y utiliza esa información para generar un informe crediticio. Los prestamistas utilizarán este informe, junto con los demás detalles que proporcione, para evaluar su solvencia.

Dónde encontrar tu informe crediticio

La *Fair Credit Reporting Act* o Ley de Informes de Créditos Justos (FCRA, por sus siglas en inglés) exige que las agencias de crédito proporcionen a los clientes una copia gratuita de su informe crediticio una vez al año. Por lo tanto, los consumidores tienen derecho a un informe crediticio gratuito si una corporación toma una acción adversa contra ellos bajo la ley federal. La denegación de trabajos, seguros o crédito, así como las notificaciones de cobros o sentencias, son ejemplos de acciones adversas. Sin embargo, el cliente debe solicitar el informe dentro de los 60 días posteriores a la ocurrencia de la acción adversa. Aún será elegible para obtener una verificación de crédito gratuita si recibe asistencia social o está desempleado, o si ha sido víctima de un fraude de identidad.

¿Cuál es la mejor manera de obtener un informe crediticio gratuito?

Si está leyendo esto desde cualquier otro lugar del país, me temo que tendrá que buscar en otro lado. Podría ser un puesto en el gobierno, un oficial de crédito u otra cosa. Sin embargo, si tiene curiosidad por saber cómo hacerlo en los Estados Unidos, todo está establecido aquí.

Debe tener en cuenta que si visita un sitio similar en lugar de este, puede ser multado o, peor aún, puede estar jugando en la trampa de un estafador. Seleccione el informe de crédito que desee después de completar sus datos personales (ya sea *Equifax*, *Experian* o *Trans Union*). En la siguiente pantalla, debe confirmar su identidad respondiendo algunas preguntas sobre su historial crediticio. Después de eso, el informe de crédito aparece en la computadora. Puede imprimir o volver para mostrar el documento. Si esto no funciona, llame al 1-877-322-8228 y siga los mismos pasos en Internet. Tendrá que esperar un par de semanas, si no más, para obtener su informe crediticio.

El modelo de puntuación FICO

Debido a su larga trayectoria, FICO tiene la distinción de ser el modelo de puntuación más preciso. *"Fair Isaac Company"* (FICO) comenzó a calcular estos puntajes en 1989. Han actualizado los algoritmos muchas veces durante las últimas tres décadas para tener en cuenta los factores cambiantes y garantizar que continúen brindando puntajes crediticios consistentes.

Como se mencionó anteriormente, el modelo de puntaje FICO convencional le dará una puntuación entre 300 y 850. Una puntuación de menos de 600 se considera baja. Se considera sobresaliente si su puntuación es superior a 740.

Entre 600 y 740, la solvencia crediticia varía de promedio a superior al promedio.

FICO lanzó su modelo de puntuación FICO 9 en 2014. El mayor cambio en este modelo fue minimizar la importancia de las facturas médicas impagas. El motivo de esto es que las deudas médicas impagas no son verdaderos indicadores de salud financiera.

Es posible que esté esperando que el seguro cubra una factura médica o que no sepa por completo que se ha

20

enviado una factura médica a una agencia de cobranza. Para ciertas personas, esta mejora significativa resultó en un aumento de 25 puntos en su puntaje crediticio.

Otras enmiendas realizadas en 2017 hicieron que fuera ilegal que los cobradores registraran deudas médicas atrasadas que no tenían ni 180 días de atraso. Las tres agencias de informes crediticios eliminaron todos los detalles sobre las sentencias civiles y los informes de gravámenes fiscales de sus archivos en 2017. Según FICO, esto mejoró las puntuaciones de alrededor del 6% de los clientes.

FICO 8 (que la compañía creó en 2009) fue la versión estándar de puntaje de crédito hasta FICO 9. El puntaje FICO 8 es ahora el más utilizado en la industria de préstamos. Las características distintivas de FICO 8 eran que lo penalizaba por gastar cerca de su límite de crédito total por mes y le otorgaba clemencia si solo tenía un pago atrasado de 30 días.

Vale la pena señalar que cuando FICO actualiza sus modelos de calificación, los prestamistas tienen la opción de mantener su versión actual o actualizarla. Dado que la actualización al nuevo modelo es tan costosa, FICO 8 sigue siendo el gran favorito. Además, algunos prestamistas todavía utilizan los modelos FICO 5.

Durante el proceso de solicitud, puede consultar sobre el modelo que está utilizando su prestamista.

En la mayoría de los casos, los puntajes FICO no cambian sustancialmente a corto plazo. La única excepción es si comienza a perder pagos o tiene cancelaciones o incumplimientos en su cuenta. Los puntajes FICO no están disponibles para todos. Si no tiene crédito, se le clasificará como "crédito invisible", según los expertos.

Para obtener una clasificación FICO, debe tener seis meses de pagos registrados en las agencias de informes crediticios.

Ya lo ha escuchado antes: necesita un puntaje FICO alto para obtener este tipo de crédito, este tipo de tasa de interés y este tipo de privilegio. El aspecto más importante que se interpone entre usted y casi todo lo que desea es su clasificación FICO.

Aunque muchas personas son conscientes del efecto de su puntaje FICO en su crédito, pocos podrían explicar qué es o cómo se calcula si se les pregunta. Dado el poder que ejerce este número sobre tanta gente, es sorprendente que más personas no pregunten qué es o qué pueden hacer al respecto. De hecho, aceptan el hecho de que este número ejerce tanta influencia en sus vidas.

Una persona tiene muchas calificaciones crediticias; sin embargo, el puntaje FICO es el más conocido y es utilizado por la mayoría de los prestamistas. Comprender los factores que influyen en cómo se mide lo ayudará a mantenerse informado sobre los actos que tienen un impacto positivo o negativo en su clasificación. Puede tener un gran impacto en su puntuación si se concentra en los principales factores que se mencionan a continuación y que pueden afectarla positivamente.

Su puntaje de crédito tiene el potencial de alterar drásticamente su situación financiera. Un buen puntaje crediticio lo ayudará a obtener tasas de interés más bajas, mejores tarjetas de crédito e incluso lo ayudará a alquilar un apartamento. Sin embargo, no todo el mundo sabe cómo se mide un puntaje crediticio o muchos de los otros aspectos importantes de un puntaje crediticio. Los puntajes de crédito se crearon para facilitar a los prestamistas la toma de decisiones. Las cooperativas de crédito y los bancos generalmente piden una aclaración sobre el riesgo de incumplimiento que enfrenta en cualquier préstamo que obtenga. Es por eso que buscan señales en su pasado de préstamos. Por ejemplo, les gustaría saber si ha pedido prestado dinero antes y lo ha pagado con éxito. Incluso querrán saber si ha incumplido recientemente con varios préstamos.

Los prestamistas informan sus acciones a las agencias de crédito cuando solicita un préstamo, y las agencias convierten la información en informes de crédito. Cuando se trata de puntajes de crédito, los algoritmos generados por computadora pueden leer todos estos datos y generar un puntaje que los prestamistas pueden usar para determinar la probabilidad de reembolso. En lugar de pasar minutos estudiando detenidamente cada informe crediticio individual necesario para un préstamo, los prestamistas pueden evaluar rápidamente la solvencia crediticia de una persona simplemente mirando sus calificaciones.

Algunas personas desde que son jóvenes no tienen historial de préstamos: nunca han obtenido un préstamo, ni han utilizado una tarjeta de crédito u otra forma de crédito. Los prestamistas deben tener en cuenta varias calificaciones crediticias para este tipo de solicitantes. El arrendamiento, las facturas de energía y otras facturas son ejemplos de fuentes alternativas del historial de pagos.

Debe solicitar esos informes de crédito gratuitos para ver qué información tienen sobre usted. Aún podrá ver si hay errores, que puede corregir para que no afecten su puntaje crediticio.

Capítulo 3: Diferencias entre FICO y otros

¿Cómo se calcula el puntaje FICO?

Si alguna vez ha mirado su puntaje crediticio, es posible que se haya preguntado por qué variaban las cifras de cada una de las principales agencias de crédito. Diferentes prestamistas y prestatarios pueden optar por informar a diferentes agencias de crédito, además de las tres principales agencias de crédito que utilizan diferentes métodos para calcular las calificaciones crediticias.

Una empresa de tarjetas de crédito solo informará a *Equifax*, mientras que un prestamista puede informar tanto a *Trans Union* como a *Experian*. Es posible que otro prestamista no envíe ningún detalle a ninguna de las agencias de crédito. Los acreedores y prestamistas tienen la opción de informarles, pero no se espera que lo hagan. El historial de pagos no se envía automáticamente a las agencias de informes crediticios; en cambio, va a los acreedores y prestamistas, y solo se informa a las agencias si así lo desean. Ciertos artículos pueden ser priorizados por diferentes empresas. Un prestamista de automóviles, por ejemplo, puede poner un mayor énfasis en el historial de pagos de una persona, mientras que una compañía hipotecaria puede poner un mayor énfasis en el historial laboral de la persona. Otros prestamistas pueden adoptar un enfoque más equilibrado, examinando una variedad de factores y priorizándolos por igual.

Los criterios que debe elegir para calcular su puntaje crediticio incluyen:

- Historial de pagos 35%
- Montos adeudados (nivel de endeudamiento) 30%
- Duración del historial crediticio 15%
- Nuevos créditos (deudas) 10%
- Tipos de crédito en uso 10%

1. Historial de pagos: 35%

El factor más importante para determinar su puntaje crediticio es si ha pagado o no sus facturas a tiempo.

El historial de pagos representa el 35% de sus calificaciones FICO, según FICO. El historial de pagos proporciona detalles sobre los gastos de su cuenta, como la cantidad de cuentas que pagó a tiempo y las cuentas vencidas. Esfuércese por realizar pagos puntuales con regularidad para préstamos renovables, como tarjetas de crédito, y préstamos a plazos, como préstamos para estudiantes, para aumentar esta parte de su puntaje crediticio. También es una buena idea diseñar una estrategia para lograr un objetivo libre de deudas.

Estas son señales de advertencia para los posibles prestamistas de que es posible que no pueda reembolsarlas.

2. Montos adeudados: 30%

La cantidad que adeuda es el segundo factor más importante en su puntaje crediticio. Analiza cuánto de su crédito disponible está utilizando, también conocido como su "índice de utilización".

Menos es mejor, pero deber una pequeña suma puede ser preferible a no deber nada en absoluto porque los prestamistas quieren asumir que, si pides dinero prestado, serás responsable y estarás lo suficientemente seguro financieramente para pagarlo. Mantenga los saldos de las tarjetas de crédito bajos en relación con el crédito disponible y pague las facturas a tiempo para aumentar este factor de calificación crediticia. Los prestamistas lo verían como un riesgo alto si regularmente maximiza sus tarjetas de crédito o se acerca a sus límites de crédito. También es una buena idea calcular cuánto tendrá que liquidar una tarjeta de crédito antes de aumentar su deuda.

3. Duración del historial crediticio: 15%

El 15% de su puntaje FICO está determinado por la duración de su historial crediticio. Esto incluye cuánto tiempo han estado abiertas sus cuentas y cuánto tiempo ha pasado desde la última vez que las utilizó. Los prestamistas comprenderán mejor el comportamiento financiero a largo plazo de una persona si tienen un historial crediticio más largo.

Los prestamistas pueden mirar otras variables como cuentas bancarias, registros de trabajo e historial de residencia si no tiene un historial crediticio. Si tiene una cuenta corriente o de ahorros estable, por ejemplo, es más probable que el banco le preste una tarjeta de crédito o un préstamo. Si aún tiene problemas para obtener crédito, considere obtener una tarjeta de crédito asegurada, que usa el dinero que deposita en una cuenta de depósito asegurado como garantía, o un préstamo asegurado, que es un préstamo que le permite poner un activo como garantía.

4. Nuevos créditos: 10%

Su puntaje de crédito toma en consideración cuántas cuentas nuevas ha solicitado últimamente, así como cuánto tiempo ha pasado desde que abrió una nueva cuenta (abrir un montón a la vez afectará su puntaje).

Su puntaje FICO se ve afectado por el nuevo préstamo en un 10%. Esto se refiere a la cantidad de nuevas solicitudes de crédito que ha realizado en los últimos 60 a 90 días, incluidas las grandes solicitudes recientes y las nuevas cuentas que ha abierto.

Obtener una gran cantidad de cuentas de crédito nuevas en un período corto de tiempo dañará su puntaje crediticio. Los prestamistas lo verán como una señal de riesgo. Solicite un crédito nuevo solo cuando tenga sentido financiero para su situación y sus objetivos, en lugar de responder a cualquier oferta de tarjeta con una tasa promocional de bajo interés. Si lo rechazan la primera vez, tómese un tiempo para concentrarse en mejorar su puntaje crediticio antes de volver a solicitarlo.

5. Tipos de crédito en uso: 10%

El factor final para determinar su puntaje de crédito es si tiene una combinación de varias formas de crédito (como un préstamo para automóvil, hipoteca, tarjetas de crédito, cuentas de tiendas y préstamos para estudiantes). Los prestamistas quieren saber que puede manejar de manera responsable una variedad de cuentas.

Tener un conjunto diverso de cuentas, como tarjetas de crédito, préstamos hipotecarios y cuentas minoristas, indicará a los prestamistas que usted es un prestatario de bajo riesgo. Puede aumentar su puntaje crediticio abriendo diferentes tipos de cuentas, pero solo solicite crédito cuando realmente lo necesite. Nunca solicite crédito únicamente para mejorar su puntaje crediticio.

Tabla de puntajes crediticios FICO

Categoría	Puntaje
Excepcional	800 o mas
Excelente	740 - 790
Bueno	670 - 739

Regular	580 - 669
Malo	579 o menos

El modelo de puntuación *Vantage*

El modelo *Vantage Score* es el segundo modelo de puntuación más común en la actualidad. *Experian*, *Equifax* y *Trans Union*, los tres burós de crédito, hicieron una notable muestra de colaboración en 2006 cuando acordaron crear un rival de FICO para estandarizar los puntajes crediticios. Como resultado, ha aumentado el número de calificaciones crediticias disponibles para prestamistas y acreedores.

El modelo *Vantage Score* tiene en cuenta información similar a FICO, pero la pondera de manera diferente. Para calcular su clasificación, consideran pagos únicos de facturas, mantener bajos los saldos de las tarjetas de crédito y asumir demasiadas obligaciones crediticias nuevas. El mayor beneficio de *Vantage* para aquellos que son nuevos en el crédito es que crearán un puntaje para usted en tan solo dos meses después de que realice su primer pago con tarjeta de crédito.

Las calificaciones FICO no son las mismas que las calificaciones crediticias estándar. Utilizando detalles de sus informes crediticios personales, utilizan un sistema patentado de algoritmos para calcular su riesgo crediticio. Otras empresas a veces modelan sus puntajes de crédito para que se asemejen lo más posible a un puntaje de crédito FICO, pero como señala FICO1, esto puede resultar en puntajes que difieren hasta en 100 puntos de la norma de la industria.

Incluso unos pocos puntos influirán en la obtención o no de una buena tasa de interés y condiciones (ahorrándole hasta miles de dólares durante el plazo del préstamo o crédito).

¿Cómo se calcula la puntuación *Vantage*?

Vantage Score y FICO utilizan medidas similares para evaluar la solvencia crediticia. Las principales diferencias son las ponderaciones que asignan a los distintos elementos, así como el hecho de que utilizan datos de las tres agencias de informes crediticios para calcular su clasificación. Echaremos un vistazo a sus seis variables de puntuación.

1. Historial de pagos: Mayor ponderación

Con *Vantage Score*, su historial de pagos es el mejor indicador de riesgo para usted. A esto se le da una ponderación del 40% en su modelo, lo que lo hace dos veces más importante que su categoría más importante, o igual a la segunda y tercera categorías combinadas.

Debe evitarse a toda costa la morosidad. Estos durarán hasta siete años en su informe de crédito.

2. Edad/tipo de crédito: Ponderación extrema

Esta categoría combina la duración de su historial crediticio con los tipos de crédito que tiene. *Vantage Score* lo considera sobresaliente en esta categoría si puede realizar los pagos a tiempo de un préstamo para automóvil a cinco años mientras sigue atendiendo una hipoteca a 30 años y facturas regulares de tarjetas de crédito.

Representa el 21% del algoritmo, lo que lo convierte en el segundo componente más importante.

3. Utilización del crédito: Ponderación extrema

Simplemente divida sus saldos totales por su crédito disponible para llegar a este número. Mantenga un nivel inferior al 30% en todo momento. Es aún mejor si puede obtener un descuento del 10%.

4. Saldos totales: Ponderación media

Su grupo de deuda total recibe una ponderación del 11% por *Vantage Score* (ya sea actual o en mora). Obtendrá una mejor puntuación en esta categoría si reduce su deuda total.

5. Comportamiento reciente: Ponderación baja

Este grupo recibe el 5% de la ponderación. Examina cuántas cuentas tiene abiertas recientemente, así como la cantidad de avisos que ha recibido. Cuando tiene un mayor número de avisos, se considera que tiene un mayor riesgo y es posible que esté asumiendo una deuda significativamente mayor.

6. Crédito disponible: Ponderación muy baja

Este grupo representa el 3% del total. La cantidad de crédito que tiene disponible para usar en un momento dado se denomina crédito disponible. Cuanto más crédito tenga, más puntos obtendrá en este grupo, que es el menos significativo.

Credit Karma es la empresa más conocida que utiliza el modelo de *Vantage Score* en estos días. Proporcionan un servicio totalmente gratuito (que incluye su informe y puntaje crediticio) a más de cien millones de clientes. Incluso pueden ayudarlo con el monitoreo de crédito.

Vantage Score ahora también está disponible en versiones actualizadas. En los resultados de tendencia, cambiaron su modelo en 2017. Hoy, si está pagando su deuda con cuotas más altas, ganará más puntos que alguien que solo paga el pago mínimo mensual y está aumentando constantemente la deuda de la tarjeta de crédito.

Capítulo 4: Cómo administrar tus tarjetas de crédito

¿Cómo encontrar tarjetas de crédito con aprobación garantizada?

¿Qué significa realmente aprobación garantizada? Todas las tarjetas de crédito vienen con algún tipo de requisitos básicos antes de que una empresa las emita. Un factor clave en las llamadas tarjetas de crédito aseguradas es que los requisitos de calificación suelen ser mínimos.

MasterCard Milestone

Se considera un crédito menos que perfecto, *MasterCard Milestone* proporciona un proceso de solicitud rápido y fácil y se recomienda el uso de todo tipo de crédito. La tarjeta *Milestone* se puede usar en cualquier lugar donde se apruebe Visa, de acuerdo con el crédito disponible.

Visa Total

La *Visa Total* es otra tarjeta que no necesita un depósito de seguridad y ofrece todas las ventajas de una tarjeta Visa de servicio completo. La tarjeta permite a los prestatarios tener una cuenta corriente y se cobra una tarifa de servicio única. Las líneas de crédito disponibles se basan en su puntaje crediticio real y su solvencia.

¿Cómo usar una tarjeta de crédito de manera responsable?

- Trate de no utilizar más del 30% del límite de su tarjeta de crédito
- Asegúrese de realizar los pagos siempre a tiempo. ¡Incluso si es el pago mínimo!
- Si tiene los medios, haga todo lo posible para intentar liquidar el saldo total de su tarjeta de crédito en cada estado de cuenta (esto no es tan realista, ciertamente no pude hacer esto en el pasado. Pero si puede, ¡hágalo!)

¿Cómo encontrar la tarjeta de crédito adecuada para ti?

Dependiendo de su edad y profesión, encontrará ciertas tarjetas de crédito más ventajosas para sus necesidades específicas.

Tarjetas de crédito para obtener una transferencia de saldo

Incluso cuando las tarjetas de crédito incluyen las cuentas de capacidad, la estabilidad cambia. La tarjeta de crédito es una que ofrece una tarifa baja. Si se queda con el dinero, hay un cambio de estabilidad que es una excelente manera de hacerlo. La reducción en el costo promocional (y más el lapso promocional) más grande es la tarjeta más atractiva. Es posible que necesite una calificación crediticia que sea genuina para calificar.

Tarjetas de calificación crediticia de alto riesgo

Las tarjetas de calificación crediticia se encuentran entre las soluciones de alto riesgo. Tales tarjetas tienen gastos y precios de pasatiempo. Como la aceptación es corta para las personas que tienen una calificación crediticia terrible, los términos son difíciles.

Tarjetas de crédito para estudiantes

Las tarjetas de crédito para estudiantes son aquellas hechas específicamente para que los adolescentes tengan documentos de calificación crediticia. Las tarjetas de calificación crediticia para estudiantes pueden venir, como un costo o un salario en las transferencias de saldo. Los estudiantes universitarios generalmente deben estar registrados en una universidad con licencia de 4 años para ser aprobados para obtener una tarjeta de puntuación de préstamos estudiantiles

Tarjetas de causa restringida

Utilizar las tarjetas de crédito de causa restringida pueden ser más prácticas en diferentes lugares. Estas tarjetas funcionan utilizando una tarifa y un costo de fondos como tarjetas de calificación crediticia. Las tarjetas de crédito del gas y las de las tiendas son casos de tarjetas de puntuación de crédito por causa restringida.

Tarjetas de calificación crediticia aseguradas

Las tarjetas de crédito aseguradas son una reputación de calificación alternativa. Requieren que se establezca un depósito de protección en la tarjeta. Puede ser adicional en algunos casos, combinado con un incumplimiento, aunque la limitación de calificación crediticia es igual al monto del depósito que queda en la tarjeta. Vale la pena señalar que se pueden crear pagos en el saldo de su tarjeta de crédito.

¿Cómo obtener un préstamo a plazos mientras aún está en bancarrota?

Si acaba de declararse en bancarrota la semana pasada, tendrá dificultades para restablecer rápidamente su crédito. Sin embargo, si ha pasado algún tiempo, tienes una buena oportunidad de empezar. Es posible que deba esperar un poco más antes de que pueda calificar para nuevas líneas de crédito. Incluso un error relativamente pequeño, como agotar una tarjeta de crédito o perder una factura de servicios públicos, puede dañar su puntaje crediticio. Algunos podrían intentar reparar su crédito a partir de transacciones que no creían que dañarían su crédito, como cerrar una cuenta antigua o incluso solicitar un nuevo préstamo.

Entonces podría haber algunos que estén tratando de reparar su crédito después de una transgresión importante como la declaración de bancarrota. Según las razones que hayan perjudicado su puntaje crediticio, el tiempo necesario para la reparación será diferente. Esta no es una estimación precisa y solo se usa como ejemplos para su comprensión.

El período de recuperación dependerá de varios factores, junto con la información existente en su informe crediticio. Si tiene un historial crediticio prolongado de pagos puntuales, es más fácil reparar cualquier daño. Si su historial crediticio está plagado de incumplimientos en los pagos, se necesitará más tiempo para reparar los daños. Aparte de esto, su puntuación actual también es importante. Los solicitantes que no tienen crédito o tienen una mala calificación crediticia se consideran prestatarios de alto riesgo, y eso hace que tengan menos posibilidades de ser aprobados para una tarjeta de crédito o un préstamo.

Por el contrario, se considera que las personas con buenas calificaciones crediticias son prestatarios de bajo riesgo, y esto aumenta la probabilidad de que se aprueben sus solicitudes. Los puntajes de crédito por sí mismos no controlan si su solicitud de préstamo es aprobada o no. Son simplemente números creados a partir de un informe crediticio. Los prestamistas los utilizan como herramienta. Se establecen estándares sobre qué puntajes de crédito son aceptables y se toma la decisión final. Toma un poco de tiempo, pero si desarrolla bien su crédito, eso puede hacer que sus puntajes crediticios mejoren y aumentar sus posibilidades de obtener la aprobación.

¿Cómo conseguir que el prestamista elimine muchos días de retraso?

Si actualmente está atrasado en los pagos, pregúntele al acreedor si puede negociar un monto de liquidación menor, que incluye la eliminación de los pagos atrasados de su registro de crédito después de haber liquidado su deuda. Si aún quieren la cantidad total, es posible que deba ponerse al día antes de poder hacer cualquier otra cosa. Si no puede devolver sus pagos atrasados, pregúntele al acreedor si puede elaborar un nuevo plan de pago que incluya la eliminación de la información de pago atrasado después de que termine de realizar una cantidad determinada de pagos, como los primeros doce pagos mensuales del año siguiente.

Si todavía quieren el monto total primero, entonces tendrá que ponerse al día con el monto adeudado. Una vez que esté al día con sus pagos, puede comunicarse con el acreedor y defender su caso para eliminar la información negativa sobre pagos atrasados. Si tiene una relación a largo plazo con ellos, avíseles.

¿Cómo obtener ofertas de tarjetas de crédito?

La gran mayoría de los prestamistas no tienen ofertas que estén claramente definidas desde el principio, sino que tienen un paquete de préstamos general que se puede modificar en función de la situación en la que se encuentran las personas que acuden a ellos.

Para maximizar esta estrategia, querrá hacer una lista de las características que absolutamente necesitará para estar satisfecho con un préstamo determinado y luego llamar a cada prestamista con el que ya ha hablado y recorrer la lista punto por punto. Si se encuentra con un prestamista que tiene un enfoque que le atrae, infórmeselo a los otros prestamistas y vea qué pueden hacer para igualarlo o superarlo. Saben que están en un negocio competitivo y si estás dispuesto a forzar su mano, te mostrarán cuánto quieren tu negocio.

Ofertas pre-aprobadas: si no se ha excluido del sistema y su crédito no es terrible, es probable que presentar una solicitud con un prestamista desencadene una avalancha de ofertas competitivas de otros prestamistas, ya que los acreedores le proporcionarán su información con mucho gusto a cualquier persona que esté interesada en venderle sus servicios.

Si bien esto puede ser molesto en algunos casos, si está buscando el mejor prestamista posible, entonces podría ser justo lo que necesita para enfrentar a varios prestamistas entre sí. Las ofertas preseleccionadas pueden facilitarle la comparación de costos relativos u ofertas especiales, siempre y cuando haga su debida diligencia con cada una y se asegure de que el humo y los espejos no lo molesten.

Asegúrese de tener un documento de estimación de préstamo: el documento de estimación de préstamo fue creado por la Oficina de Protección Financiera del Consumidor para facilitar a los prestatarios comparar los diversos costos asociados con préstamos individuales y prestamistas. Su trabajo es estandarizar y simplificar la forma en que los prestamistas exponen sus tarifas para que usted no compare manzanas con naranjas. El documento de estimación del préstamo se puede descargar de ConsumerFinance.gov.

¿Cuándo y cómo abrir o cerrar una tarjeta de crédito?

Un factor importante que influye en determinar si la apertura de cuentas de tarjetas de crédito será favorable para usted o no, es el índice de utilización del crédito. Es prudente asegurarse de que su índice de utilización de crédito sea lo más bajo posible. Esencialmente, debe asegurarse de utilizar demasiado crédito. Es posible que tenga la tentación de cerrar ciertas cuentas de tarjetas de crédito, especialmente si ha logrado pagar todas las cuotas de su tarjeta de crédito. Sin embargo, no hagas esto. No permita que la tentación de aumentar sus gastos se apodere de usted. Su índice de utilización de crédito puede aumentar cuando cierra una cuenta. Por lo tanto, si no confía en sí mismo con una tarjeta de crédito, puede guardarla para su custodia o mantenerla fuera de su alcance.

Una técnica para saldar la deuda de tu tarjeta de crédito

Si todas sus cuentas tienen una tasa de interés similar, el método "bola de nieve" podría ser una mejor opción, pero si tiene una o dos tarjetas con una tasa de interés escandalosamente alta, el método "avalancha" podría ser la solución adecuada. Cabe señalar que ambos métodos requieren que tenga suficiente dinero para pagar más del mínimo en sus tarjetas de crédito.

Método avalancha

Con este método, las personas usan el dinero extra que obtienen cada mes para pagar la deuda a la tasa de interés más alta, con todos los pagos mínimos restantes. Al eliminar los pagos de intereses más altos más rápido, pagará menos intereses durante los próximos meses hasta que se pague la deuda total. Una vez que haya pagado su primera deuda con intereses altos, busque la siguiente tasa de interés más alta y repita el proceso. Pague por encima de la cantidad mínima tanto como pueda, para que pueda salir de la deuda más rápido.

Método bola de nieve

Al seguir este método, las personas en lugar de enfocarse en la deuda más alta, primero deben enfocarse en pagar la tarjeta con la deuda más baja hasta que alcancen la más grande, independientemente de la tasa de interés. Luego trabaje a su manera para que pueda pagar lo máximo que debe.

Al pagar primero las deudas con los montos más bajos, cancela esos pagos más pequeños rápidamente y tiene menos facturas de las que preocuparse. Finalmente, debe continuar pagando las facturas con los saldos más bajos hasta que no le quede ninguna deuda.

Capítulo 5: Construyendo el perfil crediticio perfecto

Si bien esto será más fácil decirlo que hacerlo en la mayoría de las situaciones, según *Experian*, la cantidad ideal de utilización de crédito que desea es del 30% o menos. Si bien hay otras formas de aumentar su calificación de utilización de crédito, pagar lo que adeuda a tiempo cada mes también servirá para demostrar que puede pagar sus facturas a tiempo, esencialmente cumpliendo una doble función cuando se trata de mejorar su calificación de crédito. También facilitará el seguimiento de los siguientes consejos.

Si tiene una tarjeta de crédito que usa con regularidad, digamos, por ejemplo, porque le ofrece puntos de recompensa, tanto que la maximiza cada mes, en realidad puede estar dañando su crédito, aunque lo pague en su totalidad al final de cada mes. Este puede ser el caso debido a la forma en que la compañía de la tarjeta de crédito informa al buró de crédito; dependiendo de cuándo informan cada mes, podría mostrar que su tasa de utilización de crédito está cerca del 100%, dependiendo de cuál sea su línea de crédito actualmente, lo que perjudica su puntaje crediticio.

Como tal, pagar su tarjeta de crédito en dos partes más pequeñas a lo largo del mes puede ayudarlo a aumentar su crédito sin que le cueste nada adicional en general.

Aumente su límite de crédito: Si actualmente no está en condiciones de pagar el saldo de su tarjeta de crédito, aún puede mejorar su tasa de utilización de crédito aumentando su límite de crédito actual. Esta es una manera fácil de mejorar su tasa de utilización de crédito sin poner más dinero por adelantado. Sin embargo, si hace esto, es importante que no aproveche el aumento de la línea de crédito, ya que, si se encuentra nuevamente contra el límite, estará peor que cuando comenzó.

Abra una nueva cuenta: Mejorar su tasa de utilización de crédito es una de las mejores formas de comenzar a reconstruir su crédito. Si la compañía de su tarjeta de crédito actual no aumenta su límite de crédito, puede intentar solicitar otra tarjeta de crédito en su lugar. Si su crédito no es tan alto, sus tasas serán más altas, pero esto no importará siempre y cuando no planee usar la tarjeta en primer lugar. Recuerde, la tasa de utilización del crédito es una combinación del total de sus líneas de crédito disponibles, por lo que esta puede ser una buena manera de reducir sustancialmente su tasa de utilización actual, especialmente si no podrá pagar lo que debe actualmente durante un período significativo de hora. Distribuir estas solicitudes le dará tiempo a las consultas para que desaparezcan de forma natural y evitará que usted vea desesperado a los posibles prestamistas, lo que también puede dificultar la obtención de una nueva tarjeta.

Usuarios autorizados: Si no tiene el crédito para obtener una nueva tarjeta de crédito, o incluso para extender su línea de crédito actual, entonces su mejor opción puede ser encontrar a alguien en quien confíe y pedirle que se convierta en un usuario autorizado en su tarjeta. Si bien la mayoría de las personas probablemente se resistirán a la idea, es posible que pueda apaciguarlos explicándoles que no necesita una copia de su tarjeta ni tiene la intención de usarla, simplemente estar en la lista de la tarjeta es suficiente para mejorar su crédito.

Qué hacer si tu puntaje crediticio baja

Dinero plástico: Lo primero que debe hacer para mejorar su puntaje es dejar de usar dinero plástico. Si ya ha creado una factura grande, puede solicitarla, pero ya no debe usar la tarjeta. Reduzca sus compras por un tiempo hasta que vuelva a tener el control de la situación.

Informe: Solicite un informe y califique el área en la que necesita trabajar. También debe revisar cuidadosamente los informes para determinar si hay errores. Compruebe si hay información incorrecta.

Pague sus facturas a tiempo: Use su salario para pagar sus facturas a tiempo. No tardes en pagar. La morosidad no solo implica honorarios y gastos, sino que también se refleja negativamente en la relación.

No sea víctima de una estafa de reparación: Revise la ley federal que rige este sistema. Algunas personas son víctimas de este tipo de agencias de reparación. Es mejor afrontar la situación solo. Si es necesario, comuníquese con la Comisión Estatal para obtener más información sobre el procedimiento. También puede leer libros a crédito. Es importante mantener la situación bajo control antes de que empeore y te haga fallar.

Refinanciar deuda renovable

Cada vez que pague sus tarjetas de crédito, su puntaje aumentará. Refinanciar su deuda renovable con un préstamo a plazos es una forma de hacer que el sistema piense que tiene menos deuda.

FICO no le da tanta importancia a los préstamos a plazos, por lo que agregar la deuda a plazos equivalente mientras paga la deuda renovable tendrá un efecto positivo general en su puntaje. Simplemente no agote sus tarjetas mientras paga su préstamo a plazos o terminará con el doble de deuda.

Refinanciamiento de deuda renovable con un préstamo sobre el valor neto de la vivienda

El uso de un préstamo con garantía hipotecaria (HEL) para pagar sus deudas renovables mejorará su puntaje crediticio por la misma razón que usaría cualquier otro préstamo a plazos para pagar su deuda renovable. FICO da menos importancia a la deuda de préstamos a plazos. Solo necesita asegurarse de utilizar un PRESTAMO con garantía hipotecaria y no una Línea de crédito con garantía hipotecaria (HELOC).

Un HELOC se califica como una tarjeta de crédito por FICO, por lo que su uso no mejoraría sus puntajes. Solo asegúrese de usarlo para pagar su deuda y no como una forma de endeudarse más.

Si no eres lo suficientemente disciplinado como para no volver a subir tus saldos, entonces esta no sería una decisión inteligente para ti. Lo incluyo porque funciona, pero tienes que elegir lo que funciona para ti.

Capítulo 7: ¿Tarjeta de crédito personal o comercial?

Un puntaje de crédito personal estará entre 300 y 850. Un puntaje de más de 700 será un cliente atractivo para las agencias de crédito. Un puntaje de crédito alto puede tener muchos beneficios. Puede negociar mejores ofertas, calificar para crédito adicional más fácilmente y recibir algunas de las mejores condiciones de crédito disponibles. Las tarjetas de crédito comerciales ofrecen recompensas similares a las tarjetas de crédito personales, pero solo las obtendrá si la empresa tiene un buen puntaje crediticio. La mayoría de las recompensas para las empresas estarán en forma de un porcentaje de devolución de efectivo en las compras realizadas con la tarjeta de crédito empresarial. De hecho, está ahorrando dinero con cada compra. La empresa a menudo puede usar el reembolso en efectivo para pagar tarifas de vuelo reducidas, lo cual es muy beneficioso si sus empleados necesitan viajar por motivos de trabajo.

Los saldos de las tarjetas de crédito comerciales no se muestran en su crédito personal a menos que los garantice personalmente o no pague.

Por lo tanto, cualquier compra realizada con una tarjeta de crédito comercial no afectará negativamente sus puntajes. Incluso si maximiza su tarjeta de crédito comercial mes tras mes, no afectará su puntaje crediticio personal. Desafortunadamente, los saldos que lleva con sus tarjetas de crédito PERSONALES afectan sus puntajes más que casi cualquier otra cosa.

Lo que se debe y no se debe hacer al administrar tu crédito

"Dime qué hacer", esa es en realidad una declaración muy poderosa. También significa que la gente confía en mí para ayudarlos.

- Lo que debe hacer: Siempre, siempre pague a tiempo. Teniendo en cuenta que su historial de pagos es el mayor porcentaje cuando se trata de calcular su puntaje crediticio, es crucial que realice todos los pagos puntualmente. Si es posible, realice pagos con tarjeta de crédito antes de la fecha del informe.

- Lo que no debe hacer: Llegar tarde o perder un pago; una vez más, el historial de pagos es uno de los componentes más importantes que se utilizan al calcular su puntaje FICO. La demora en los pagos puede acarrear graves consecuencias.

- Lo que debe hacer: Vigile su uso del crédito disponible. Recuerde que la utilización juega un papel importante en su calificación crediticia.

- Lo que no debe hacer: Maximizar cualquiera de sus tarjetas de crédito. Si tiene algunas tarjetas de crédito, pero una de ellas es su favorita absoluta, intente distribuir el uso. Si una tarjeta de crédito está al máximo, no tema transferir saldos para que pueda alcanzar la marca del 30%. También asegúrese de que la tarjeta de crédito o las tarjetas con los límites más altos se paguen primero.

- Lo que debe hacer: Envejecer sus cuentas. Simplemente, cuanto más antiguas sean sus cuentas, mejor. Recuerde que la duración del historial fue un componente de su calificación crediticia. El envejecimiento de sus cuentas ayudará a mejorar su historial crediticio y su puntaje crediticio.

- Lo que no debe hacer: Cerrar cuentas antiguas. Está lejos de ser una buena idea hacer esto. También trate de evitar abrir demasiadas cuentas nuevas; esto reduce el promedio de antigüedad.

- Lo que debe hacer: Asegúrese de minimizar el crédito nuevo. No desea abrir demasiadas cuentas nuevas demasiado rápido. Hacerlo afectaría la antigüedad de sus cuentas como se mencionó.

- Lo que no debe hacer: Realizar demasiadas consultas. Una consulta es simplemente cada vez que usted u otra persona solicita su archivo de crédito. Una consulta sencilla no tiene el mismo potencial de desastre crediticio que una consulta completa. Una consulta completa ocurre cuando solicita su archivo crediticio para pedir un crédito (tarjetas de crédito, automóvil, casa, etc.). Una consulta sencilla ocurre cuando las empresas solicitan su archivo para hacerle ofertas de tarjetas de crédito y demás.

- Lo que debe hacer: Mezcle sus cuentas y agregue variedad. Si tuviera que enviar un currículum vitae a un empleador, cuanta más experiencia laboral y variedad presentara, más probable es que lo contraten. Al agregar variedad a su archivo, está demostrando que sabe cómo administrar su crédito en más de una forma.

El secreto del éxito

El valor del crédito está muy subestimado y se hace a propósito. Si todos supieran el verdadero valor del crédito y cómo hacer que funcione para ellos, habría un desbordamiento de personas exitosas y quizás incluso más millonarios. El negocio de los préstamos es una de las industrias más grandes del mundo debido a los billones de dólares que se intercambian a tasas de interés variables. Ahorrar un 1% en una tasa de interés puede representar la diferencia en decenas de miles de dólares. Es evidente que el crédito es importante y valioso. Pero analicemos cómo puede hacerlo exitoso.

Hacer inversiones poderosas en la vida, como bienes raíces o abrir un negocio, puede requerir mucho dinero, más dinero del que la mayoría de la gente tiene disponible. Aquí es donde entra en juego el valor del crédito. Con un buen puntaje crediticio, hacer inversiones sin tener el efectivo es extremadamente posible. Cuando crea su archivo de crédito exactamente como se supone que debe ser, a los prestamistas les resulta mucho más fácil decidir prestarle dinero sin importar el tipo de compra o inversión que desee realizar.

Cuando se trata de abrir una empresa, los bancos están dispuestos a otorgar préstamos para la puesta en marcha de pequeñas empresas para que despeguen, pero todo depende de su puntaje crediticio. Quieren a alguien que tenga la garantía de devolver el dinero, un garante personal. Entonces, no importa lo que esté haciendo —realizar una gran compra, iniciar un nuevo negocio o ser un magnate inmobiliario— su crédito siempre será un factor de decisión importante. Esta es la razón por la que el crédito es el secreto del éxito y cuidar su crédito realmente puede conducir al Sueño Americano o al menos a la estabilidad financiera. Muchas de las personas más ricas del mundo no nacieron con dinero, sino que hicieron su fortuna a través del conocimiento y la innovación.

Capítulo 7: Arreglar tu puntaje de crédito rápidamente

Las agencias de crédito tienen 30 días para examinar las quejas y, con frecuencia, ceder a lo que los prestamistas declaran sobre usted, independientemente de si es válido. Independientemente de si todas las partes están de acuerdo en que se ha cometido un error, los errores pueden continuar manifestándose en su archivo debido a la idea automatizada de la mayoría de los informes crediticios. Es posible que deba comunicarse con los acreedores y las oficinas varias veces para que se borren los errores.

El proceso puede tardar semanas; En el mejor de los casos, es posible que se enfrente al conflicto durante bastante tiempo o incluso años. En caso de que esté intentando obtener una hipoteca, estos errores pueden causar problemas importantes. Probablemente no tendrá la oportunidad suficiente de arreglar su informe antes de que la casa salga del depósito en garantía o se atasque con una tasa de interés mucho más alta de lo que tiene derecho a pagar.

Los problemas, por ejemplo, pueden incitarlo a recurrir a una de las numerosas organizaciones que garantizan una "solución de crédito en el momento" o esa seguridad para ayudarlo a mejorar su puntaje crediticio. Sin embargo, ninguna organización auténtica ofrece tales garantías o certificaciones, por lo que cualquier individuo que emplee uno de estos equipos está pidiendo ser engañado. En cualquier caso, existe un número creciente de administraciones certificadas que pueden corregir los errores de su informe de crédito en 72 horas o menos. Siga leyendo para obtener más información.

Arreglar tu crédito en cuestión de horas – Recuperación rápida

Las agencias de recuperación rápida salieron a la luz por el hecho de que un número tan grande de personas estaba perdiendo préstamos o pagando un exceso de intereses debido a errores de las agencias de crédito. Sin embargo, antes de que se energice, debe aprender lo que estas administraciones pueden y no pueden hacer:

- No pueden administrarlo directamente como consumidor. Las pequeñas agencias de informes crediticios suelen ofrecer la recuperación rápida, que actúan como una especie de intermediario

61

entre las agencias y los expertos en préstamos. Sin embargo, estas agencias, que con frecuencia son gratuitas y que pueden ser auxiliares de los burós de crédito, brindan administraciones poco comunes para los funcionarios de préstamos y los representantes de hipotecas, por ejemplo, informes de crédito combinados o "3 en 1". Para beneficiarse de una rápida recuperación, debe trabajar con un funcionario de préstamos o un representante de hipotecas que compre una agencia que ofrezca la administración.

- Pueden ayudarlo en el caso de que tenga pruebas, o si se pueden obtener pruebas. Las agencias de reactivación rápida no están destinadas a ayudar a las personas que actualmente parecen no poder comenzar el proceso de corrección de crédito. Necesita algo por escrito, por ejemplo, una carta del acreedor reconociendo que su cuenta se informó como tardía cuando en realidad se hizo realidad a tiempo. (Esta es una razón por la que es tan necesario tener todo por escrito cuando intenta arreglar su crédito). Sin embargo, si no tiene esa prueba, el acreedor ha reconocido el error, algunos registradores rápidos pueden obtener la prueba para ti. No obstante, eso puede agregar días o semanas al proceso.

- Pueden ayudarlo a corregir errores; sin embargo, no pueden eliminar las cosas negativas genuinas que están en disputa; además, necesita una prueba de que se cometió un error, no simplemente su opinión. Si la agencia de crédito ya está investigando su queja con respecto al error, el elemento normalmente no se puede incluir en un proceso rápido de reactivación.

- No pueden prometer que respaldarán su puntaje. A veces eliminar elementos negativos realmente puede dañar una puntuación, por extraño que parezca.

La fórmula de puntuación intenta contrastarlo con personas que tienen historiales crediticios comparables. En el caso de que haya sido incluido en la reunión con una quiebra u otros puntos oscuros en su informe, es posible que su puntaje disminuya cuando se elimine una parte de esos elementos negativos. En lugar de estar en el punto más alto de la reunión de los quebrados, como tal, ha caído a la base de la siguiente reunión: las personas que tienen mejor crédito. Con mayor frecuencia, eliminar un error probablemente no ayudará a su puntaje tanto como podría haber confiado y probablemente no le permitirá obtener una tasa de interés superior. No hay garantías con una rápida recuperación.

Hace bastante tiempo, los corredores y otros profesionales de préstamos podían ocuparse de estos problemas. En los días previos a la utilización generalizada de un puntaje crediticio, un corredor o un oficial de préstamos podía mediar para persuadir a un prestamista de que ignorara los errores o pequeñas imperfecciones en el archivo crediticio de un cliente. Todos comprendieron que los errores en los informes de crédito eran comunes y que tener una garantía de préstamo completa de su solvencia con frecuencia podía completar un arreglo.

Sin embargo, con la llegada de la calificación crediticia y los procesos de préstamos automatizados, esas oportunidades de defender a los clientes se evaporaron rápidamente. Los profesionales de préstamos compartieron la insatisfacción de los consumidores cuando las agencias continuaron reportando información incorrecta, información que con frecuencia afectaba las calificaciones crediticias y generaba tasas y términos más horribles de los que el prestatario merecía. Los corredores de hipotecas necesitaban un enfoque para atravesar la burocracia y acelerar el proceso. Las agencias de informes crediticios gratuitos, con su personal específico más pequeño, comenzaron a satisfacer la necesidad. Estos son los medios por los que funciona. Su agente de préstamos o agente obtiene pruebas de usted de que se ha cometido un error y envía esa prueba a la agencia de crédito que proporciona el servicio de recuperación rápida.

Los registradores, por lo tanto, tienen asociaciones poco comunes con los burós de crédito que permiten que sus solicitudes se tramiten rápidamente. El servicio de recuperación transfiere pruebas de errores a departamentos únicos en las agencias de informes crediticios, y los departamentos se comunican con los acreedores (por lo general, de manera electrónica). En el caso de que el acreedor esté de acuerdo en que se cometió un error, las oficinas actualizan rápidamente su informe de crédito. Después de que eso ocurra, se puede calcular otra calificación crediticia. El gasto de este servicio suele estar entre $ 50 y $ 100 por cada "línea comercial" o cuenta que se remedia, aunque algunas agencias brindan la recuperación sin cargo adicional, como parte de una parte de los servicios prestados a los profesionales de préstamos.

La presencia de una recuperación rápida no cambia la forma en que debe ser proactivo con respecto a su crédito. Meses antes de solicitar cualquier préstamo, debe solicitar copias de sus informes y comenzar a probar cualquier error. Asimismo, debe mantener su correspondencia sobre estos errores. Todas las cosas consideradas; Los registradores rápidos generalmente requieren algún tipo de seguimiento en papel para demostrarle a la oficina que los errores de hecho existen. En cualquier caso, si termina muy involucrado con la obtención de una hipoteca y se repite un viejo problema, la recuperación rápida puede ayudarlo a deshacerse del problema y evitar el arreglo.

Considerándolo todo, ¿cómo descubrirías uno de estos servicios? En caso de que ya esté administrando un agente de préstamos o un corredor de hipotecas, pregúntele si se acerca a un servicio de recuperación rápida. Si su profesional de préstamos nunca ha sabido acerca de la reactivación rápida, solicite que se comunique con la agencia que le proporciona los informes crediticios a su organización para verificar si es accesible.

Aumenta tu puntaje en 30 a 60 días

Reconstruir su crédito a veces puede ser un proceso terriblemente lento, sin embargo, puede tomar un par de rutas fáciles que pueden aumentar su puntaje en tan solo un mes o dos.

Paga tus líneas de crédito y tarjetas de crédito

Probablemente, el método más rápido para respaldar una puntuación es reducir la proporción de uso de la deuda: la distinción entre las cantidades de crédito renovable que tiene a su disposición y la cantidad que está utilizando. Un enfoque sencillo para mejorar su proporción es redistribuir su deuda. En el caso de que tenga un gran saldo en una tarjeta, por ejemplo, probablemente podría transferir una parte de la deuda a otras tarjetas. Por lo general, es mejor para sus puntajes tener pequeños saldos en varias tarjetas que un gran saldo en una sola tarjeta. También puede explorar la posibilidad de obtener un préstamo a plazos personal con su asociación de crédito o banco cercano, y utilizar el efectivo para pagar sus tarjetas. Solicitar el préstamo puede afectar un poco sus calificaciones; sin embargo, eso probablemente se verá más que compensado por el desarrollo de sus puntajes al disminuir los saldos de sus tarjetas de crédito. (Las fórmulas de calificación crediticia son sustancialmente más delicadas con los saldos de la deuda renovable, por ejemplo, las tarjetas de crédito, que con los saldos de los préstamos a plazos).

Utilizar tus tarjetas de crédito a la ligera

Una gran diferencia entre sus saldos y sus límites es lo que le gusta ver a la fórmula de puntuación, y realmente no le importa si paga sus saldos en su totalidad cada mes o si los acumula de un mes a otro. Lo que marca la diferencia es la cantidad de sus límites de crédito que realmente está utilizando en algún momento aleatorio. Algunas personas exigen que han respaldado sus puntajes pagando sus tarjetas en su totalidad un par de días antes de que se cierre el anuncio. En el caso de que los patrocinadores de sus tarjetas de crédito, como regla, envíen facturas alrededor del día 25, por ejemplo, estas personas verifican sus saldos en línea unos siete días antes y pagan lo que deben, además de un par de dólares para cubrir cualquier cargo que pueda manifestarse antes del 25. Cuando las facturas están realmente impresas, sus saldos están bastante cerca de cero. (En el caso de que utilice este método, simplemente asegúrese de realizar un segundo pago después de que aparezca su anuncio si su saldo aún no es cero. Eso asegurará que no se dañe con cargos atrasados, y realmente, que puede ocurrir, a pesar de que realizó un pago antes en el mes).

Concéntrate en corregir los grandes errores en tus informes crediticios

Si la bancarrota, los cobros o las cancelaciones de esa otra persona aparecen en su informe, probablemente se beneficiará al eliminarlos. Si una cuenta que cerró se informa como abierta, probablemente deba ignorarla. Tener una cuenta como "cerrada" en su archivo no puede respaldar su puntaje y puede dañarlo.

Utiliza el proceso de disputas en línea de las oficinas

Algunos veteranos de corrección de crédito juran que obtienen resultados más rápidos en este sentido, sin embargo, independientemente, tendrá que hacer copias impresas de todo lo que envía a las oficinas y de cada correspondencia que recibe de ellas.

Comprueba si puedes hacer que tus acreedores actualicen las cuentas

No todos los acreedores informan a cada una de las tres agencias y algunos no informan de manera confiable. Si es así, puede conseguir que un acreedor informe una cuenta que está al día; sin embargo, es posible que vea un golpe rápido en su puntuación.

Capítulo 8: Mentalidad de gestión del dinero

La importancia de la administración del dinero

¿Se encuentra con diferentes tarjetas de crédito, una hipoteca y un préstamo para automóvil?

Hay métodos que le ayudarán a hacer esto manejable. Se necesita tiempo para descubrir los pormenores y modificar su presupuesto para que pueda satisfacer sus necesidades:

Sabes adónde va tu dinero

Si manejas bien tu dinero, lograrás realizar pagos anticipados y evitar sobrepasar el límite de la tarjeta de crédito. Cuando se ciñe a su presupuesto, estos métodos le ayudarán a ahorrar dinero. Esto le impide gastar mucho dinero.

Un mejor plan de jubilación

Cuando ahorre y administre su dinero de la manera correcta, lo beneficiará a largo plazo. Primero, lo obligará a mirar hacia el futuro y analizar sus planes de jubilación.

Cuando implemente sus habilidades de administración de dinero, estará construyendo un plan de jubilación sólido.

El dinero que ahorra e invierte crecerá con el paso del tiempo.

Te permite concentrarte en tus metas

Evitará gastos innecesarios que no apoyen el logro de objetivos financieros. Si se trata de recursos limitados, la elaboración de un presupuesto hace que sea complejo cumplir con sus fines.

Organiza tus gastos y ahorros

Cuando divide sus ingresos en diferentes tipos de gastos y ahorros, un presupuesto le permitirá estar al tanto del tipo de gasto que drena la parte de su dinero. De esta manera, le resultará sencillo establecer los ajustes. La buena administración del dinero actúa como referencia para organizar recibos, facturas y estados financieros. Una vez que organice todas sus transacciones financieras, ahorrará tiempo y esfuerzo.

Puedes hablar con tu cónyuge sobre el dinero

Si comparte sus ingresos con su cónyuge, un presupuesto puede ser la mejor herramienta para mostrar cómo se gasta el dinero. Esto aumenta el trabajo en equipo para llegar a un objetivo financiero común y evitar discusiones sobre la forma en que se usa el dinero. La elaboración de un presupuesto junto con su cónyuge le ayudará a evitar conflictos y eliminar conflictos personales sobre la forma en que se gasta el dinero.

Determina si puedes asumir una deuda y cuánto

Asumir deudas no es algo malo, pero es importante, especialmente si no puede pagarlas. Un presupuesto indicará la cantidad de deuda que puede asumir sin estresarse.

Presupuesto

Cuando hace un presupuesto, tiene la oportunidad de seleccionar y eliminar gastos innecesarios, como multas, recargos por mora e intereses. Estos pequeños ahorros pueden aumentar con el tiempo.

Un presupuesto se refiere a un plan que tiene en cuenta su flujo de caja y salida de efectivo mensual. Esta es una instantánea de lo que posee y de lo que espera gastar, y que le permitirá alcanzar sus objetivos financieros al ayudarlo a resaltar que está ahorrando y gastando.

La creación de un presupuesto es el aspecto más crucial de la planificación financiera. La cantidad de dinero que tiene no indica cuánto dinero gana, sino qué tan efectivo es su presupuesto. Si desea cuidar sus finanzas, entonces tendrá que comprender hacia dónde fluye su dinero. Contrariamente a la creencia popular de que hacer un presupuesto es difícil, no lo es y no elimina la diversión de su vida. Un presupuesto lo salvará de una crisis financiera inesperada y de una vida llena de deudas.

Controla tus gastos e ingresos

Lo primero para elaborar un presupuesto es determinar la cantidad de dinero que tiene y en qué lo está gastando. Al monitorear tus gastos, lograrás clasificar cómo gastas tu dinero. Planificar cómo gasta su dinero es fundamental porque puede saber cuánto desea gastar en cada categoría. Puede controlar sus ingresos y gastos creando un diario, una hoja de cálculo o un libro de caja. Cada vez que gana dinero, puede monitorearlo como ingreso y cada vez que gasta dinero, puede rastrearlo como un gasto.

Si usa una tarjeta de débito, intente rastrear tres meses de sus gastos para obtener una imagen completa de sus gastos.

Evalúa tus ingresos

La siguiente etapa es evaluar sus ingresos. Puede hacer esto calculando la cantidad de ingresos que obtiene a través de obsequios, becas, etc.

Determina tus gastos

Una vez que conozca sus ingresos mensuales, lo siguiente es determinar el total de sus gastos. Primero, debe definir cuáles son sus gastos fijos y variables. Los gastos fijos, las ventas y las facturas tienen el mismo precio todos los meses. Los gastos fijos comprenden pagos de automóvil, internet y alquiler. Los gastos variables se refieren a los costos que cambian, como los servicios públicos y los comestibles.

Asegúrese de incluir los pagos de la deuda en su presupuesto. Descubra la cantidad que puede contribuir a sus deudas para asegurarse de que está en el camino correcto hacia la estabilidad financiera. El manejo de las deudas y los ahorros van de la mano.

Construyendo una estrategia de ahorro

Es muy fácil olvidarse de ahorrar dinero. Tenga en cuenta que siempre se paga a sí mismo primero. Pruébelo utilizando el 10-20% de sus ahorros de ingresos. Dado que los ahorros aumentan, puede optar por incluir el dinero que no gastó en el presupuesto para ahorrar.

Muchas personas saben cómo administrar el poco dinero que obtienen cuando termina el mes, pero les resulta difícil ahorrar cuando tienen un presupuesto ajustado. Si consulta artículos sobre finanzas en línea, verá diferentes tipos de métodos de ahorro, desde congelar todos los gastos hasta preparar su propio almuerzo durante un mes. Pero, ¿cómo se puede determinar cuál funciona? En esta parte, aprenderá estrategias sencillas para ahorrar dinero que puede implementar y cómo puede hacer que funcionen para ti:

Manténgase fuera de las deudas

Estar libre de deudas le ayudará a ahorrar dinero en efectivo; si puede pagar todas sus deudas, tendrá la oportunidad de organizarlas.

Las estadísticas sobre la eliminación de la deuda pueden ser impactantes. Por ejemplo, la encuesta de *Claris*

76

mostró que solo el 22% de las personas intentó esta estrategia y el 26% informó que les funcionó. En otras palabras, esta estrategia puede ayudarlo a ahorrar dinero.

Mantenerse libre de deudas puede ahorrarle una buena suma de dinero en efectivo, pero a muchas personas les resulta difícil pagar sus deudas.

Ser minimalista

Adoptar un enfoque minimalista es un tipo de simplicidad voluntaria. Requiere que una persona reduzca los costos para que se concentre en lo que es importante. La vida de un minimalista generalmente significa tener una casa más pequeña, menos "juguetes" y menos ropa. Pero también implica un trabajo mínimo y más tiempo para hacer las cosas que le gustan.

Esta es una gran estrategia de ahorro que funciona incluso para aquellos que no quieren usarla. Un enfoque minimalista puede ser el efecto de otros métodos para ahorrar. En la mayoría de los casos, muchas personas escalaron su vida para ajustarse a su presupuesto. Luego, con el tiempo, descubrieron que su estilo de vida sencillo les ayudaba a ahorrar más.

Existen varios conceptos erróneos sobre el minimalismo. Un blog sobre el minimalismo, bromea que los minimalistas viven en apartamentos pequeños y no tienen trabajo, automóviles, televisores ni más de 100 objetos.

El propósito del minimalismo es liberarse de los problemas de la vida que no son importantes. No se centra en el sacrificio; simplemente implica eliminar las cosas que no quieres tener en la vida o crear espacio para las cosas que te importan. Como resultado, vivir con menos artículos puede hacer que se sienta satisfecho.

Si no está seguro de poder lidiar con este tipo de vida, puede comenzar poco a poco e identificar lentamente algunas cosas en su vida que no desea. Por ejemplo, si su guardarropa está lleno de muchas cosas, tal vez tire o done algo de ropa. Independientemente de lo que decida hacer, asegúrese de no simplificar su vida entregándose a las cosas que valora o atesora; en su lugar, elija las cosas que requieran más trabajo por la menor recompensa.

Dado que estos métodos han funcionado para otras personas, existe una gran posibilidad de que también funcionen para ti. Sin embargo, asegúrese de no lanzarse y probar todos los métodos a la vez, simplemente seleccione las estrategias que crea que pueden funcionar para ti.

Invertir tu dinero

Invertir su dinero le da la oportunidad de hacer crecer su dinero e incluso ganar más de lo que tiene. Sin embargo, no todo el que decide invertir su dinero obtiene beneficios; algunos han perdido toneladas de dinero en el proceso. Existe una forma diferente de invertir su dinero, y esto le presentará una de las estrategias de inversión más comunes:

La inversión en línea puede ser un método rápido y conveniente que es más asequible que otros métodos. Al elegir esta opción, usted tiene la responsabilidad de investigar todas las inversiones y tomar todas las decisiones de inversión con respecto a su cuenta en línea. Si no se siente bien como ese tipo de inversionista, podría sentirse cómodo trabajando con un asesor financiero. Si le gusta administrar su cartera de inversiones y se siente seguro de que tiene suficientes conocimientos, puede optar por la inversión en línea.

Deja de gastar

Si no puede dejar de gastar dinero que no tiene, este libro solo solucionará temporalmente sus problemas, si es que puede hacerlo. Si tiene el hábito de vivir con sus propios medios y comprar cosas que no puede pagar, esta es su oportunidad de solucionarlo. Si desea arreglar su crédito y mejorar su vida financieramente, debe ocuparse de estas cosas. Así que siéntese tranquilo, haga un presupuesto y encuentre algo que funcione, y reduzca las tarjetas de crédito al máximo si es necesario.

Capítulo 9: Todo sobre tu puntaje crediticio

Su informe de crédito es en realidad más complicado de lo que parece a primera vista, simplemente porque en realidad se trata de informes de tres agencias diferentes, *Trans Union*, *Experian* y *Equifax*.

Anatomía de un informe crediticio

Si bien los tres informes crediticios principales van a variar un poco, la información siempre se agrupará en cuatro categorías principales, que son consultas de crédito, información de acreedores, información de registros públicos e información personal.

- Información personal: Incluirá cosas como su nombre y cualquier alias que use, su número de seguro social, fecha de nacimiento, información de empleo y su dirección actual y anterior.

- Información de registro público: Esto incluirá cualquier asunto legal pendiente actualmente relacionado con su situación financiera actual. Esto puede incluir quiebras, embargos salariales, juicios y embargos. Un informe de *Trans Union* también mostrará la fecha aproximada en la que estos detalles se eliminarán de su informe.

- Información del acreedor: Esto mostrará todas sus deudas que se han entregado a una agencia de cobranza y todas las líneas de crédito que tiene actualmente. Además, encontrará detalles que describen el estado de la cuenta en cuestión, si comparte la responsabilidad de alguna de las cuentas, su saldo actual, historial de pagos, límite de crédito y si la cuenta está atrasada actualmente. Normalmente, las cuentas positivas y negativas se agruparán.

Si tiene cuentas que están afectando negativamente su crédito, es importante tener en cuenta que puede disputar cualquiera de estos problemas con la compañía de informes crediticios. A menos que desaparezcan de su informe después de que el problema se haya resuelto durante siete años.

Cada una de sus cuentas se puede clasificar de las siguientes maneras: si alguna de sus cuentas aparece como cancelada, eso significa que la cuenta ha sido cancelada del acreedor como una pérdida. Si bien esto significa que es posible que no tenga que cancelar la cuenta. Una cuenta renovable es la clasificación que se le da a las tarjetas de crédito, no es necesario que las pague en su totalidad cada mes y, en su lugar, puede renovarlas y pagar los intereses.

Una cuenta a plazos es la clasificación que se da a los préstamos u otras cuentas que implican pagos fijos. Una cuenta abierta es la clasificación que se le da a las cuentas que lo obligan a pagar el saldo total cada mes. Una cuenta de cobranza es la clasificación que se le da a cualquier cuenta que haya sido transferida a una agencia de cobranza de deudas, esto incluso se mostrará en las cuentas por las que ha liquidado la deuda en los últimos siete años.

- Consultas de créditos: Esta parte de su informe crediticio incluye una lista de todas las agencias que han revisado su informe crediticio en los últimos siete años. Hay dos tipos diferentes de consultas, consultas completas y consultas sencillas.

Códigos de un informe crediticio

La siguiente es una lista de códigos que puede ver en su informe de crédito y lo que significan.

- CURR ACCT: Esto significa que la cuenta está al

día.

- CUR WAS 30-2: Esto significa que la cuenta está actualmente al día, pero se ha retrasado 30 días o más al menos dos veces.
- PAID: Esto significa que la cuenta está actualmente inactiva y se ha pagado.
- CHARGOFF: Esto significa que la cuenta se ha cancelado.
- COLLECT: Esto significa que la cuenta se ha enviado a colecciones.
- BKLIQREQ: Esto significa que la deuda ha sido condonada debido a la bancarrota.
- DELINQ 60: Esto significa que la cuenta tiene al menos 60 días de atraso.

Leyes de créditos justos

- FCRA (Ley de Informes de Créditos Justos): hace más que solo proporcionarle un informe crediticio gratuito cada año, también regula las diversas organizaciones de informes crediticios y ayuda a garantizar que la información que recopilan sobre usted sea precisa y justa. Esto significa que si ve información inexacta en su informe de crédito y la informa a la agencia correspondiente, ellos están legalmente obligados a investigar el asunto y resolverlo, generalmente dentro de los 30 días. Lo mismo se aplica a las agencias u organizaciones que generalmente agregan detalles a su informe crediticio.

Si bien esto no lo ayudará con ese prestamista en particular, si la información es inexacta, al menos sabrá a dónde ir para aclarar el problema. Además, si informa una inexactitud y la agencia de informes crediticios ignora su solicitud, puede demandarlos para recuperar los daños o un mínimo de $ 2,500. También puede ganar una cantidad adicional basada en daños punitivos y honorarios legales y cualquier otro costo asociado. Debe presentar procedimientos legales dentro de los 5 años posteriores a la fecha en que esto ocurra.

- Ley de Facturación de Crédito Justa: Esta ley federal es parte de lo que se conoce como la Ley de Veracidad en los Préstamos. Su propósito es brindar protección a los consumidores cuando se trata de facturación injusta y dejar claro cómo se deben corregir los errores. Esta ley es útil si se le cobra por cosas que no compró, se le cobra una cantidad inexacta por productos o servicios, no recibió un artículo por el que pagó, los pagos realizados no se reflejan en las cantidades adeudadas o si sus estados de cuenta se envían a una dirección incorrecta.

Para aprovechar esta ley, lo primero que debe hacer es enviar una carta física a la dirección de consultas de facturación que proporciona el acreedor. Debe asegurarse de que el acreedor reciba su carta dentro de los 60 días a partir de la fecha en que aparece el error en su estado de cuenta. Algunos acreedores permiten que las disputas se manejen en línea, pero el uso de esta opción puede anular sus derechos a través de esta ley, por lo que no se recomienda. El acreedor tendrá 30 días para reconocer que recibió su carta para corregir el error o decirle por qué cree que es válida. Si rechazan su solicitud, se le permite solicitar toda la documentación que indique por qué lo rechazaron.

Un subconjunto de esta ley es lo que se conoce como la Ley de gemas ocultas, esto significa que puede disputar cualquier transacción realizada dentro de las 100 millas de su hogar, o en cualquier lugar de su estado de origen, que exceda los $ 50. Siempre que haga un esfuerzo de buena fe para disputar la transacción y devuelva el artículo o deje de usar el servicio, es probable que la empresa le reembolse la transacción.

- Ley de Prácticas Justas en el Cobro de Deudas: esta es otra ley que beneficia a los consumidores en lo que respecta a las acciones de los cobradores de deudas. Esto incluye no solo a las agencias de cobranza de deudas, sino también a sus abogados. Esta ley impide que las agencias de cobro de deudas se comuniquen con usted si ha solicitado que la deuda sea validada, comunicándose con usted en lugar de su abogado (si corresponde) antes de las 8 am o después de las 9 pm, comunicándose con usted en el trabajo, llamando constantemente, reportando información falsa a agencias de crédito, avergonzarlo en un esfuerzo por cobrar la deuda, agregar su nombre a una lista de deudores, amenazar con acciones legales que realmente no pueden seguir, tergiversación o comunicarse con usted después de haber enviado una carta solicitando que se detengan o diciendo que no pagará la deuda en cuestión.

Si el cobrador de deudas infringe estas reglas o actúa de otras formas que no están permitidas, entonces usted puede presentar una demanda privada y recuperar los costos, honorarios y daños. Es más, ni siquiera necesita probar los daños y es probable que se le otorgue un mínimo de $ 1,000.

Capítulo 10: Dañando mi puntaje crediticio

También es necesario echar un vistazo más de cerca a algunas de las diferentes partes que van a acabar perjudicando las puntuaciones crediticias que tenemos. Si está en el proceso de arreglar su crédito, debe asegurarse de tener cuidado y de no terminar haciendo algo que perjudique su crédito en el proceso. Algunas de las diferentes cosas que podemos tener en cuenta cuando se trata de dañar su puntaje crediticio incluyen:

Pagar tarde o no pagar nada

Una de las peores cosas que puede hacer cuando se trata de su puntaje crediticio es pagar tarde en cualquier cosa. Aproximadamente el 35% de su puntaje será sobre su historial de hacer pagos o no a tiempo. Llegar constantemente tarde en estos pagos causará mucho daño a su puntaje crediticio.

¿Qué es aún peor que pagar tarde? Es no pagar en absoluto. Si decide ignorar completamente sus tarjetas y otras facturas y no pagarlas en absoluto, entonces también se encontrará en más problemas. Cada mes que pierda un pago de su tarjeta de crédito, terminará con un mes más cerca de ayudar a que se cargue su cuenta.

Si alguna vez desea tener la oportunidad de aumentar su puntaje de crédito, especialmente si espera llegar a 800 o más, entonces debe detener los pagos atrasados. Esto será algo malo porque demuestra que no está dispuesto a devolver su dinero y es menos probable que le den más dinero en el proceso.

Para aquellos que tienen dificultades para realizar los pagos, ya sea que estos se retrasen o no lleguen en absoluto, es hora de establecer un presupuesto. Vives por encima de tus posibilidades y esto nunca es una buena señal para que tu puntuación llegue a donde te gustaría. Cuando pueda tener su presupuesto en su lugar y pueda comenzar a pagar sus deudas a tiempo, podrá obtener ese puntaje de crédito más alto en poco tiempo.

Tener una cuenta cargada o enviada a cobros

Lo siguiente en la lista es que se carguen sus cuentas. Cuando a los acreedores les preocupa que usted nunca pague sus facturas por préstamos o tarjetas de crédito, utilizarán un proceso conocido como cancelar sus cuentas. Una cancelación significa que la aseguradora prácticamente ha renunciado a volver a tener noticias suyas. En realidad, esta es una de las peores cosas que existen cuando se trata de su puntaje crediticio.

Otro problema es cuando una de sus cuentas se envía a cobranza. Los acreedores a menudo van a trabajar con los cobradores de deudas para poder cobrarle un pago. Los coleccionistas podrían enviar su cuenta a colecciones después, pero a veces antes, cargándolo todo. Esto nunca es bueno, no importa si la cuenta se cancela en ese momento.

Si está al punto de que sus facturas se vayan a cobrar o se cancelen, esto significa que no se ha quedado sin uno o dos pagos. Significa que ha pasado tanto tiempo sin pagarlo todo que la empresa cree que nunca lo recuperarán. Probablemente lo hayan cancelado como una exención de impuestos o lo hayan vendido a una compañía de cobranza de crédito que lo molestará mucho en el futuro.

Declararse en bancarrota

Esto es un poco extremo que debe intentar evitar a toda costa. La bancarrota es una medida extrema y causará mucha devastación en la puntuación con la que está trabajando. También estará en su registro durante siete a diez años. Es una buena idea buscar algunas alternativas, como trabajar con asesoría para crédito al consumidor, antes de declararse en bancarrota.

Es mejor si puede hacer todo lo posible para evitar la bancarrota a toda costa. Puede parecer la mejor idea para trabajar. Usted asume que cuando se declara en bancarrota, puede simplemente alejarse de todas las deudas que tiene y no tener que preocuparse por ellas nunca más. Sin embargo, no es así como todo este proceso funcionará para ti.

Para evitar la bancarrota, debe aprender a trabajar con un presupuesto y descubrir las mejores formas de administrar su dinero, sin importar los ingresos con los que esté trabajando. La bancarrota parece una manera fácil de salir de la deuda, pero lo persigue durante muchos años después, puede hacer que obtener crédito más adelante sea casi imposible y realmente no resolverá el problema subyacente que lo llevó a esta situación.

Tarjetas de saldos altos o agotados

Siempre debemos echar un vistazo a los saldos que vamos a tener en nuestras tarjetas de crédito todo el tiempo. La segunda parte más importante que viene con nuestro puntaje de crédito es la cantidad de deuda que tienen, y eso se medirá por la utilización del crédito. Tener saldos altos para las tarjetas de crédito, en relación con el límite de crédito con el que está trabajando, aumentará la utilización del crédito y hará que su puntaje crediticio baje. Por ejemplo, si tiene un límite de $ 10,000 en una tarjeta, pero el saldo es de $ 9500 o más, entonces su puntaje no se reflejará de manera positiva con esta.

También debemos asegurarnos de que no estamos sobrepasando ni superando el límite en lo que respecta a nuestras tarjetas de crédito. Las tarjetas de crédito que están por encima del límite o que se han agotado al máximo harán que la utilización del crédito que tiene sea del 100%. Asegúrese de pagar esas deudas lo más rápido posible para mantener su puntaje crediticio y evitar que se exceda.

Cancelar las tarjetas de crédito

Hay algunas formas en que la cancelación su tarjeta terminará con una disminución en su puntaje crediticio. Cuando cancele esa tarjeta, el límite de crédito con el que podrá trabajar terminará en $ 0, mientras que su saldo seguirá siendo el mismo. Esto hará que parezca que ha podido maximizar la tarjeta de crédito, lo que hará que su puntaje baje un poco. Si desea cerrar su cuenta, debe asegurarse de liquidar el saldo antes de cerrarla.

Lo que sucederá cuando cancele sus tarjetas de crédito que son viejas es otra cosa a estudiar. Cancelar las tarjetas viejas, especialmente algunas de las más antiguas, hará que su historial parezca mucho más corto de lo que es. Y finalmente, debemos tener cuidado al cancelar las tarjetas que tienen crédito disponible. Si tiene más de una tarjeta de crédito con la que trabajar, algunas que tienen saldo y otras que no las tienen, cancelar las tarjetas que no tienen saldo aumentará la utilización del crédito. Puede simplemente mantenerlos fuera del camino y ver cómo aumenta su informe de crédito.

No tener suficientes variaciones en el informe

Si bien esto no es tan importante como algunas de las otras opciones, encontrará que tener una buena combinación de crédito será aproximadamente el 10% de su puntaje crediticio en ese momento. Si tiene un informe que solo tiene una o dos cosas, como tarjetas de crédito o préstamos, es probable que la puntuación con la que está trabajando se vea afectada de una forma u otra.

Cuanto más pueda mezclar sus cuentas y hacer que tengan muchas cosas diferentes, mejor. No quiere extenderse demasiado, pero tener una combinación de préstamos, hipotecas, tarjetas de crédito y más, que pague cada mes sin falta, será una de las mejores formas en que puede aumentar su puntaje crediticio sin causando daño o pagando demasiado en el proceso.

Solicitar demasiado

Otra cosa con la que va a contar su informe son las consultas de crédito. Estos ocuparán aproximadamente el 10% de la puntuación con la que trabaja. Mantenga siempre las solicitudes de crédito al mínimo, para que esto no termine por perjudicarlo en el camino.

En algunas circunstancias, esto no le hará mucho daño. Por ejemplo, si tiene un buen puntaje crediticio y desea solicitar una hipoteca, querrá solicitar algunas hipotecas y comparar precios. Si los hace muy juntos, entonces no se considerará malo porque el prestamista asumirá que esto es lo que está haciendo, en lugar de que usted asuma demasiado o que lo hayan rechazado. También puedes explicarles esto fácilmente si te lo piden.

Capítulo 11: Aumentar el límite de crédito

Una de las estrategias menos utilizadas para reducir su deuda es un aumento del límite de crédito.

Todo lo que necesita hacer es llamar a su prestamista y preguntarle si hay un aumento en el límite de crédito disponible para su cuenta. La mayoría de las personas no saben que un representante de servicio al cliente abrirá toda su cuenta antes de que contesten el teléfono. Usan el identificador de llamadas para identificarlo y luego le piden que pruebe su identidad. Una vez comprobado, tienen todas sus conversaciones pasadas, sus límites, saldos y posibles actualizaciones disponibles.

Simplemente no te lo dirán a menos que lo preguntes. Al solicitar un aumento del límite de crédito, está aumentando efectivamente su crédito disponible sin aumentar su saldo. Por ejemplo, si tiene una tarjeta con un límite de $ 500 y un saldo de $ 250, entonces está al 50% de utilización.

Si obtiene un aumento de límite de $ 500, entonces tiene un límite de $ 1000 con un saldo de $ 250. ¡Eso reduce su utilización a solo un 25% instantáneamente!

Cuanto menor sea su utilización, mayores serán sus puntuaciones. Con una tarjeta asegurada, simplemente aumenta su depósito.

Para una tarjeta de crédito normal, asegúrese de realizar los pagos a tiempo durante al menos 6 meses, aunque 9 meses es mejor. Asegúrese de mantener su tarjeta por debajo del 50% de utilización en todas sus tarjetas. No lo aprobarán si está al máximo o si no ha realizado pagos durante el año pasado. Si te preguntan para qué vas a usar el dinero, no digas juegos de azar ni nada irresponsable.

Supongamos que está tratando de mejorar sus puntajes FICO o que acaba de recibir un aumento y desea comprar algunos muebles nuevos. Si le preguntan qué aumento le gustaría, pregúnteles para cuánto califica. Pueden decirte después de un minuto más o menos.

Si lo aprueban, simplemente elevó su puntaje de crédito con una llamada telefónica.

Conviértete en un usuario autorizado

Una técnica muy simple pero efectiva para aumentar su puntaje de crédito para "aprovechar" el historial crediticio de otra persona y convertirse en un Usuario Autorizado (UA) en su cuenta.

Una cuenta UA no es como una cuenta conjunta. Con una cuenta conjunta, tanto usted como el titular principal pueden aumentar el saldo acreedor, pero también son responsables de las deudas. Si, por ejemplo, los archivos principales para la protección por quiebra, entonces estará enganchado por el saldo completo. Debe evitar las cuentas conjuntas a toda costa.

Con una cuenta de usuario autorizado, solo el titular principal de la tarjeta es responsable de la deuda. Sin embargo, la línea comercial aparece en AMBOS informes crediticios. Esta también es una excelente manera de comenzar la educación crediticia de sus hijos.

La adición a la antigüedad, el límite y el historial de pagos de un crédito puede aumentar una puntuación de cientos de puntos. Las cuentas AU son tan efectivas para aumentar las calificaciones crediticias que muchos servicios crediticios sin escrúpulos las venden como "líneas comerciales experimentadas".

En primer lugar, comprar una línea comercial con el fin de calificar para el financiamiento, como una hipoteca de vivienda, es un fraude. Podrías ir a la cárcel o recibir una multa considerable.

En segundo lugar, FICO conoce las líneas comerciales experimentadas y ha realizado ajustes. Cuando esos ajustes afecten al modelo de puntuación que utilizan los prestamistas, esas líneas comerciales perderán su valor.

En tercer lugar, no es necesario comprar líneas comerciales de todos modos. Simplemente pídale a un miembro de la familia, o alguien con quien haya compartido una dirección, que lo agregue como UA.

Dígales que no necesita ni desea una tarjeta, pero desea que su puntaje crediticio se beneficie de su buen historial crediticio.

Busque una tarjeta de un prestamista importante con un límite alto, un saldo bajo y un historial de pagos perfecto. Cuanto más antigua sea la tarjeta, mejor.

Préstamos para construcción de crédito

Algunos prestamistas ofrecen un programa de préstamos garantizados diseñado para ayudarlo a reconstruir su crédito. Se denominan préstamos para construcción de crédito.

Este es un método muy eficaz, aunque sea lento para aumentar sus puntuaciones. Es más lento porque es un préstamo a plazos. Los préstamos a plazos tienen un impacto menor en su puntaje crediticio.

Sea como fuere, durante 6-12 meses verá un aumento de puntaje de crédito. Esto se debe a que necesita algunos préstamos a plazos para mejorar la "combinación de crédito", que es responsable del 10% de su puntaje crediticio. Así es como se determinan sus puntuaciones:

La proporción ideal es:

- **2-4 tarjetas de crédito:** Un préstamo para el automóvil, un préstamo hipotecario y un préstamo personal.

- **1-2 tarjetas retail:** El préstamo para construcción de crédito completa la parte de la ecuación del préstamo personal.

Así es como funciona:

La cantidad que pide prestada se deposita en una cuenta de depósito en garantía. No puede tocarlo hasta que se pague el préstamo. Realiza sus pagos regulares cada mes, construyendo su puntaje de crédito a medida que avanza. Cuando haya terminado de pagar, obtendrá el saldo total más intereses, para hacer lo que quiera.

Las características tradicionales incluyen:

- Montos de préstamos de $ 500 a $ 3000
- Términos de 12-24 meses
- Los fondos de préstamos generan dividendos
- La tasa de interés del préstamo está fijada al 5%.

Entonces, por ejemplo, un préstamo de $ 1000 al 5% durante 18 meses equivaldría a pagos de $ 57.79.

Los términos pueden cambiar de un banco a otro, por lo que debe comparar precios.

Modelos de puntuación crediticia

Se trata de agencias especializadas que desarrollan formatos de puntuación para los burós de crédito. Según las Estadísticas Federales, hay más de 50 de ellos en los Estados Unidos. De eso, solo FICO, un modelo diseñado por *Fair Isaac Company*, es ampliamente utilizado y aceptado en todas partes. También suele ser adoptado por los tres burós de crédito más populares del país. Justamente, FICO está seguido por *Vantage*, *Community Empower*, *Trans Union*, Xpert, *Insurance* y algunos otros.

Debido a esta diversidad, es imposible generar un método universal para calcular las calificaciones crediticias. Por lo tanto, sería imposible saber cómo cada empresa mide su desempeño crediticio de manera concisa. Sin embargo, está claro que estos modelos de puntuación suelen generar 3 dígitos como puntuación de crédito, lo que significa que puede clasificarse entre 300 y 850 (o 950).

Capítulo 12: La importancia de un buen puntaje crediticio

Una buena relación es importante para mejorar la solvencia del mercado. Puede ayudarlo de muchas maneras y hablar sobre su fondo limpio. Refleja tu personalidad y tu carácter. Los empleadores también prefieren a alguien con una buena puntuación y una relación limpia. Es sinónimo de sensibilidad y responsabilidad. Si está perdido y no sabe cómo mejorar su puntaje, consulte nuestra guía de crédito.

¿Cómo obtener ayuda?

En este punto, mientras lee este libro, puede experimentar los siguientes problemas.

- Una calificación crediticia baja o en declive.
- Piensa en una ejecución hipotecaria o declararse en bancarrota.
- Facturas o préstamos de tarjetas de crédito por encima del límite o pendientes.
- Amenazas por no pagar facturas, préstamos o hipotecas.

Ante uno de estos problemas, puede obtener ayuda de diversas fuentes. Estas dificultades financieras son comunes y pueden forzarlo a perder el rumbo. Varias empresas y agentes esperan atraer clientes tan crédulos. Pueden engañarlo y causarle más dificultades. Podría trabajar en su interés en lugar de en su interés. Varias agencias de este tipo tienen clientes insatisfechos que han sido engañados. Si desea resolver su situación y trabajar en la situación financiera actual, debe leer la guía correspondiente.

¿Importancia de un buen puntaje crediticio?

El puntaje de crédito es una expresión numérica para el análisis estadístico de archivos de crédito. En términos simples, este número lo ayudará a demostrar su solvencia. El puntaje mide la capacidad pasada para pagar préstamos y administrar préstamos otorgados anteriormente. Por lo general, se basa en la información de informes del buró de crédito. Dependerá de las heridas para reducir las pérdidas cuando se trata de deudas incobrables. Son los resultados los que pueden determinar quién es elegible para un préstamo y qué tasas de interés son las más apropiadas, incluidos los límites de crédito que reciben las personas.

Los puntajes de crédito también pueden decir mucho sobre su carácter y personalidad y perduran para siempre. Nunca se beneficiará de los malos resultados en situaciones financieras que deben ocurrir a lo largo de su vida. También puede utilizar números para evaluar a los empleadores, lo que hace que tener una buena puntuación sea muy importante. Representará su nivel de responsabilidad y sensibilidad.

A la hora de comprar una vivienda: Una vivienda es una gran inversión que puede resultar muy difícil de realizar. Es posible que necesite un préstamo hipotecario para hacer realidad sus sueños.

Al comprar un automóvil: Los préstamos para vehículos se encuentran entre los más populares. Los préstamos para automóviles no parecen ser préstamos hipotecarios. Por lo tanto, es posible llevarse bien con malas calificaciones crediticias. Sin embargo, si tiene mal crédito, terminará pagando préstamos de muy alto rendimiento con su préstamo para automóvil. El depósito también es más alto para usted si tiene una puntuación de banda.

Al iniciar un negocio: Al igual que al comprar una casa o un automóvil, es posible que se necesite apoyo financiero para iniciar un negocio. La calificación crediticia depende de su elegibilidad para ese préstamo. Esto puede afectar seriamente su capacidad para acceder a un préstamo corporativo cuando sea necesario.

Al buscar trabajo: Hoy en día, los empleadores también realizan verificaciones de crédito cuando quieren contratar nuevos empleados. Es especialmente común en el sector financiero y las instituciones gubernamentales. Un puntaje negativo puede ser un obstáculo para este trabajo, por lo que es importante mantener un buen puntaje crediticio.

También le resultará muy importante comprobar su informe crediticio. Una revisión completa ayuda a identificar errores. Asimismo, recibirá numerosos consejos y orientación sobre la mejor manera de mejorar sus calificaciones crediticias para mantener un registro más limpio antes de que necesite dinero o ayuda comercial. Existen excelentes sitios web que lo ayudarán a verificar y calcular sus puntajes e incluso obtener una copia gratuita de ellos.

Antes de realizar cualquier negocio de bienes raíces, necesita saber algunas cosas sobre su saldo. Primero, se requiere una copia de los tres informes crediticios (*Trans Union*, *Equifax* y *Experian*), que se pueden encontrar fácilmente en línea en esta era de información informática.

La principal preocupación que debe buscar en sus informes de impulso es el punto en el que ha registrado datos antagónicos. La "información no deseada" incluye cosas como pagos atrasados, cobros, sentencias, etc. Si tiene información negativa sobre sus relaciones y tiene el dinero para pagarlas, hágalo de inmediato. Cuanto mejor sea su crédito, más negocios podrá hacer. Sin embargo, como se mencionó anteriormente, puede hacer negocios si tiene mal crédito. Es más fácil si no lo hace.

La tabla adjunta le permitirá comprender dónde se encuentra su crédito:

Puntuación	Calificación crediticia
700 o más	Excelente (crédito A+)

Este puntaje indica que en los últimos tres años, no ha habido retrasos significativos (60 días o más) para ningún tipo de pago del préstamo. Estas personas pueden obtener tasas de interés ligeramente mejores en algunos tipos de préstamos.

699 - 660	Muy bueno (crédito)
659 - 620	Bueno (un crédito)

Estos valores no dan como resultado pagos significativos (60 días o más) vencidos de un préstamo hipotecario en los últimos dos años y solo algunas pequeñas demoras en los pagos del préstamo durante los últimos dos años. Estas personas pueden obtener rápidamente "tasas de interés de mercado" en todo tipo de préstamos, incluidos los préstamos públicos. Las bancarrotas deben resolverse durante cuatro años para ser clasificadas como "buenas".

619 - 590	Regular (crédito B)

Esta puntuación indica algunos retrasos importantes (60 días o más) para un préstamo hipotecario en los últimos dos años y retrasos menores generalizados en los pagos del préstamo durante los últimos tres años. Estas personas reciben tasas de interés ligeramente más altas para todos los tipos de préstamos, excepto los préstamos públicos (FHA, VA), que no se basan únicamente en puntajes crediticios.

589 - 480	Malo (crédito C)

Este puntaje indica MUCHAS demoras significativas (60 días o más) vencidas para una hipoteca en los últimos dos años y pagos GRANDES generalizados (60-90 días) para pagos de préstamos durante los últimos tres años. Las personas con un préstamo C generalmente reciben tasas de interés más altas y una mayor equidad o un pago inicial más alto para todo tipo de préstamos, excepto los préstamos públicos.

En la mayoría de los casos, 520 es el tipo de límite de aprobación para compradores de préstamos de cartera cuyos préstamos están liderados por acciones. Las quiebras deben pagarse en el momento de solicitar un préstamo para ser clasificado como "malo". Las amortizaciones actuales, las deudas incobrables y las sentencias a veces no tienen que ser reembolsadas para obtener una hipoteca. Sin embargo, la multa es un pequeño grupo de prestamistas, altas tasas de interés y severas multas por pago anticipado si refinancia dentro de los tres años.

Otro factor para decidir su evaluación financiera es la cantidad de solicitudes que tiene. Se rechazan numerosas solicitudes porque el candidato tiene una cantidad excesiva de solicitudes. Como regla general, "demasiadas" solicitudes se definen como más de 6-8 solicitudes en su informe de crédito. Las agencias de informes crediticios han informado a los acreedores que una persona con más de esto en su informe crediticio está dando vueltas en busca de crédito, lo que generalmente indica que está desesperada o desatendida. Por supuesto, nunca pensaron que simplemente podría buscar el mejor préstamo.

Si tiene más de 6 a 8 solicitudes en sus informes de crédito, la nueva FCRA (Ley de Informes de Crédito Justos) establece que ninguna solicitud puede permanecer en su informe durante más de un año. Si su informe muestra solicitudes anteriores, puede eliminar las solicitudes duplicadas.

Es fundamental conocer tu balance. Si su puntaje está entre 620 y 700 o más, puede negociar mejores condiciones y tasas de interés en sus préstamos. Pero si su crédito es menor, aún puede obtener crédito, pero todo lo que tiene que hacer es "cambiar" y tomar una tasa de interés más alta hasta que su crédito mejore.

Antes de hacer negocios, no podemos olvidar enfatizar la importancia de conocer su balance.

- Un prestatario con una puntuación de 680+ se considera para un préstamo A+. Este tipo de préstamo incluye la suscripción esencial, probablemente a través de un sistema de "suscripción automatizada computarizada", que se completa en unos minutos y se puede completar en unos días.
- Un prestatario con una puntuación inferior a 680 pero superior a 620 encontrará que los prestamistas miran más de cerca al solicitar un préstamo. Se pueden solicitar documentos de crédito adicionales y explicaciones antes de tomar una decisión de suscripción.
- Un prestatario con una puntuación inferior a 620 puede quedar excluido de las mejores tasas y condiciones de préstamo. Estos prestatarios suelen ser redirigidos a fuentes de financiación alternativas.

Recuerde, solo porque su crédito no sea A+, con paciencia y algunos fondos creativos, aún puede hacer el negocio que desea. Su crédito puede cambiar y cambiará constantemente, y a medida que comiencen a trabajar juntos y reembolsar a estos especialistas en préstamos, irá aumentando poco a poco. Esto hace que la financiación de sus ofertas sea más sencilla y directa. Esté tranquilo y constante y recuerde la importancia de conocer su ecualización.

Capítulo 13: Cómo aumentar tu puntaje crediticio

Necesita saber qué hay en su informe de crédito antes de saber qué debe hacer para cambiarlo.

Consultar el informe crediticio

El puntaje crediticio proporciona una imagen de su estado crediticio y está determinado por una serie de factores que se pueden dividir en las siguientes categorías:

- Historial crediticio: ¿Cuánto tiempo ha estado usando crédito?
- Historial de pagos: ¿Tiene un historial de pagos a

tiempo?

- Monto del crédito: ¿Cuánto gana y cuánto debe?

Revise su informe de crédito con un peine, verifique que el monto adeudado por cada cuenta sea correcto. Y busque todas las cuentas que pagó que aún se muestran como problemas pendientes. Preste especial atención a cualquier solicitud de información reciente que no haya autorizado. Ante un acreedor endosante, o alguien que se haga pasar por ti, para una cuenta, harán una solicitud que se indicará en tu informe crediticio.

Verificar su informe de crédito con regularidad, al menos una vez al año, es una buena manera de recopilar cualquier caso en el que pueda ser objeto de un robo de identidad, o que la agencia de crédito haya mezclado accidentalmente su historia con alguien de nombre similar.

Paga temprano y con frecuencia (o al menos, a tiempo)

Los informes de crédito registran los hábitos de pago de todo tipo de facturas y crédito extendido, no solo de tarjetas de crédito. Y a veces estos objetos aparecen en su propio informe oficial, pero no en el de otro. Las viejas clases de gimnasia no pagadas que solo aparecen en una relación podrían estar afectando tu puntaje sin siquiera darte cuenta.

Un tercio completo de su puntaje depende de si paga a sus acreedores a tiempo. Por lo tanto, asegúrese de pagar todas sus facturas antes de las fechas de vencimiento, incluido el alquiler/hipoteca, los servicios públicos, las facturas del médico, etc. Conserve documentación (como cheques o recibos cancelados) para poder demostrar que ha realizado la puntualidad de los pagos.

FICO recomienda registrarse para recibir avisos de pago si el prestamista los pone a disposición. Otro enfoque es crear giros automáticos desde su cuenta bancaria.

Recoge las órdenes de pago

Cuando use sus tarjetas, intente pagarlas tan pronto como pueda (no necesita esperar las instrucciones por correo, pero puede pagar en línea en cualquier momento).

No abras demasiadas cuentas

Si compra en esa tienda, a menudo puede valer la pena obtener su tarjeta; de lo contrario, resista la tentación. Además, cada vez que solicite un crédito, el prestamista potencial comprobará su puntuación. Siempre que se selecciona el crédito, otros prestamistas potenciales se preocupan por la deuda adicional que pueden asumir. A veces, el acto de abrir una nueva cuenta, o incluso solicitar una, puede reducir la puntuación; Si tiene muchas consultas recientes sobre su informe de crédito, su puntaje disminuye temporalmente. Por lo tanto, no solicite la tarjeta con frecuencia si desea aumentar su puntaje crediticio.

No canceles las tarjetas de crédito

Una buena idea sería mantener abiertas tres o cuatro cuentas de tarjetas de crédito, pero utilizar sólo una o dos de ellas; guarda o corta las demás. Sin embargo, una vez que haya pagado una tarjeta, mantenga la cuenta abierta, incluso si ya no quiere usarla. Para cerrar, las cuentas atrasadas o aquellas con un historial de pagos atrasados también pueden ayudar, siempre que las haya pagado en su totalidad. Debido a que el historial es importante si decide cerrar un par de cuentas, cierre las más recientes. Asegúrese de usar estas tarjetas para realizar compras ocasionales (por lo tanto, pague las facturas en su totalidad), para que la compañía de tarjetas no cierre la cuenta por inactividad.

Aumenta el límite de crédito

Existe una forma de aumentar su puntaje crediticio que no implica pagar una deuda o cualquiera de las otras tácticas de puntaje crediticio más tradicionales aumentando. Dado que los puntajes de crédito se determinan, en parte, sobre la diferencia entre el límite de crédito y la cantidad de crédito utilizada, solicite un límite de crédito más alto. Sus posibilidades de aumentarlo son probablemente mejores de lo que cree. De aquellos que solicitan un límite de crédito más alto, 8 de cada 10 han sido aprobados, según una encuesta monetaria reciente. Si bien es útil tener más de 30 años, existe una buena probabilidad para todos los adultos. Para evitar que el crédito disminuya con la solicitud de un límite superior, pedir el aumento más alto de la línea de crédito que no desencadene lo que se llama una solicitud difícil.

Al aumentar el límite de crédito, la diferencia entre la cantidad que puede pedir prestada y la cantidad que realmente gana aumenta automáticamente. Cuanto mayor sea el margen, mayor será la puntuación crediticia.

El informe de utilización del crédito

Este margen, conocido como índice de utilización del crédito, se expresa como un porcentaje. Por ejemplo, si el límite de la MasterCard es de $ 5,000 y tiene un presupuesto de $ 4,000, la tasa de uso es del 80%. Si solicita un aumento de la línea de crédito y el límite sube a $ 10,000, de repente su uso es solo del 40%.

Obviamente, cuanto mayor es el porcentaje, peor se ve. Los expertos han dicho durante mucho tiempo que usar el 30% del crédito disponible es una buena manera de mantener un puntaje alto de crédito. Más recientemente, esta recomendación se ha reducido al 20%. En el ejemplo de límite de MasterCard de $ 5000 anterior, el uso del 30% representaría un saldo de $ 1,500. Aumentar el límite de crédito de $ 5,000 a $ 10,000 permitiría un saldo de $ 3,000 y aún mantener un 30% de utilización. Esta es también la razón por la que no debe cerrar sus cuentas, lo que aumentará el porcentaje del crédito total disponible que está utilizando y reducirá su puntaje.

Negocia una tasa de interés más baja

Sin embargo, la clave de esta estrategia es obtener más crédito, pero ya no utilizarlo. En otras palabras, si el límite sube a $ 1,000, no salgas y la mitad de responsable de ello. Piense en el impulso como una forma de ahorrar dinero al solicitar un préstamo para el automóvil, un préstamo hipotecario u otra forma de deuda a largo plazo en la que un puntaje crediticio alto probablemente conducirá a grandes ahorros a través de una tasa de interés más baja.

Capítulo 14: Mitos sobre el puntaje crediticio

Durante una gran parte de la historia de la calificación crediticia, la mayoría de las personas involucradas en las decisiones de préstamos tenían que pensar en lo que perjudicaba o ayudaba a una calificación. A los creadores de fórmulas de puntuación no les gustaría descubrir mucho sobre cómo funcionan los modelos, por temor a que los contendientes tomen sus pensamientos o que los consumidores entiendan cómo superar el marco.

Afortunadamente, hoy en día descubrimos mucho más sobre la calificación crediticia; sin embargo, no todas las personas se han mantenido al tanto de los últimos conocimientos. Los intermediarios hipotecarios, los funcionarios de préstamos, los agentes de agencias de crédito, las guías de crédito y los medios de comunicación, entre otros, continúan difundiendo información obsoleta y falsa. El seguimiento de su terrible guía puede poner su puntaje y sus cuentas en riesgo crítico.

Estas son probablemente los mitos más reconocidos:

Mito 1: Cerrar cuentas de crédito ayudará a tu puntaje

Esto suena sensato, particularmente cuando un comerciante hipotecario le revela que los prestamistas sospechan de las personas que tienen montones de crédito sin usar al alcance de ellos. Obviamente, mirando la situación objetivamente, ¿qué te ha protegido de acumular enormes saldos hasta ahora? Si ha sido responsable con el crédito antes, probablemente seguirá siendo responsable más adelante. Ese es el estándar esencial detrás de la calificación crediticia: sus prácticas de recompensas que muestran una utilización moderada y responsable del crédito después de algún tiempo, porque esas propensiones probablemente continuarán.

El puntaje también rechaza la conducta que no es tan responsable, por ejemplo, solicitar una gran cantidad de crédito que no necesita. Numerosas personas con puntajes crediticios altos descubren que uno de los pocos inconvenientes para ellos es el número de cuentas de crédito registradas en sus informes. En el momento en que van a obtener sus puntajes crediticios, se les informa que una de las razones por las que su puntaje no es considerablemente más alto es que tienen "demasiadas cuentas abiertas". Muchos creen erróneamente que pueden "solucionar" este problema cerrando cuentas. En cualquier caso, después de haber abierto las cuentas, ha causado el daño. No puede solucionarlo cerrando la cuenta. Sin embargo, puedes empeorar las cosas.

Mito 2: Puedes aumentar tu puntaje pidiéndole a la compañía de tu tarjeta de crédito que reduzca sus límites

Esta es una desviación menor de la posibilidad de que disminuir su crédito accesible de una forma u otra habilite su puntaje al hacer que parezca menos riesgoso para los prestamistas. Poco a poco, se está perdiendo el objetivo. Reducir la diferencia entre el crédito que usa y el crédito al que tiene acceso puede afectar negativamente su puntaje. No importa que haya solicitado la reducción; la fórmula FICO no reconoce los límites más bajos que mencionó y los límites más bajos impuestos por un acreedor. Todo lo que ve es menos diferencia entre sus saldos y sus límites, y eso no es bueno. Si es así, necesita habilitar su puntaje para manejar el problema desde el extremo opuesto: pagando su deuda. Ampliar la brecha entre su saldo y su límite de crédito afecta positivamente su puntaje.

Mito 3: Necesitas pagar intereses para obtener un buen puntaje crediticio

Este es el inverso exacto del mito pasado, y está igualmente mal informado. No es necesario que lleves saldo en tus tarjetas de crédito y pagues intereses para tener una buena puntuación. Como lo ha examinado varias veces hasta ahora, sus informes de crédito, y posteriormente la fórmula FICO, no hacen diferenciación entre los saldos que lleva mes a mes y los saldos que paga. Los consumidores inteligentes no llevan saldos de tarjetas de crédito bajo ninguna circunstancia y no para mejorar sus puntajes. Actualmente, los hechos confirman que para obtener los puntajes FICO más altos, debe tener tanto cuentas renovables, por ejemplo, tarjetas de crédito, como préstamos a plazos, por ejemplo, una hipoteca o un préstamo para automóvil. Además, a excepción de las tasas del 0% que se utilizan para impulsar las ofertas de automóviles después del 11 de septiembre, la mayoría de los préstamos a plazos requieren el pago de intereses.

Sin embargo, aquí hay una racha de noticias: no es necesario tener la puntuación más alta para obtener un buen crédito. Cualquier puntaje de más de 720 o más le dará las mejores tarifas y términos con numerosos prestamistas. Algunos, en particular los prestamistas de valor de viviendas y automóviles, guardan sus mejores gangas para aquellos con puntajes superiores a 760. No es necesario tener un puntaje de 850, o incluso 800, para obtener arreglos increíbles. En caso de que esté intentando mejorar una calificación justa, un préstamo a plazos pequeño y razonable puede ayudarlo, si puede obtener la aprobación y pagarlo a tiempo. Sin embargo, de una forma u otra, no hay motivación para desviarse hacia números rojos y pagar intereses.

Mito 4: Tus cuentas cerradas deben indicar "Cerradas por el consumidor" o dañarán tu puntaje

La hipótesis detrás de este mito es que los prestamistas verán una cuenta cerrada en su informe de crédito y, si no se les informa en general, aceptarán que un acreedor la cerró porque cometió un error de alguna manera. Obviamente, como probablemente sepa en este momento, numerosos prestamistas nunca observan su informe real. Simplemente están echando un vistazo a su puntaje de crédito, lo que no podría importarle menos quién cerró una tarjeta de crédito. FICO calcula que si un prestamista cierra su cuenta, es por inactividad o porque usted incumplió. Si no lo hizo, se archivará en el historial de la cuenta. Si le hace sentir mejor ponerse en contacto con las oficinas y garantizar que las cuentas que cerró se registran como "cerradas por el consumidor", por todos los métodos hágalo. Sin embargo, no hará ninguna distinción en su puntaje crediticio.

Mito 5: La asesoría crediticia es mucho peor que la bancarrota

A veces, esto se expresa como "la asesoría crediticia es tan terrible como la quiebra" o "la orientación crediticia es tan terrible como la bancarrota". Ninguna de estas declaraciones es válida. Una grabación de bancarrota es lo más notablemente terrible que puede hacer con su puntaje crediticio. Por otro lado, la fórmula FICO actual ignora por completo cualquier referencia a la guía crediticia que pueda estar en su informe crediticio. La orientación crediticia se trata como un factor imparcial, que no ayuda ni perjudica su puntaje. Las guías de crédito, si no tiene experiencia con el término, tienen experiencia práctica en la organización de tasas de interés más bajas y también en la elaboración de planes de pago para los deudores que de una forma u otra pueden declararse en quiebra. Aunque los asesores crediticios pueden consolidar las facturas del consumidor en un pago mensual, no otorgan préstamos, ni garantizan eliminar o liquidar deudas que no son exactamente la cantidad principal que debe.

El hecho de que el asesoramiento crediticio en sí mismo no afecte su puntaje no significa, sin embargo, que inscribirse en el plan de administración de deuda de un asesor crediticio dejará su crédito sólido. Algunos prestamistas lo informarán tarde solo por inscribirse en un plan de gestión de deudas. Su pensamiento es que no les estás pagando lo que inicialmente les debías, por lo que deberías tener que soportar un poco de agonía. Esa no es, de ninguna manera, la única forma en que podrían informarle tarde. No todos los instructores de crédito son equivalentes y se ha culpado a algunos de retener los pagos al consumidor que se propusieron para los acreedores.

Capítulo 15: Cómo funciona el sistema crediticio

En pocas palabras, todo el sistema crediticio lo constituyen los burós de crédito, los acreedores y tú. Los acreedores son las empresas desde las que accede al crédito, mientras que los burós de crédito recopilan datos crediticios de acreedores pasados y actuales y los compilan en informes, que se modelan en forma de perfiles de crédito para cada consumidor de crédito, después de lo cual venden estos informes a los acreedores para que puedan tomar varias decisiones.

Los acreedores utilizan los datos que obtienen de las agencias de crédito para determinar cuánto le cobrarán por pedir prestado y el monto de las multas que deben cobrarle por incumplir. Siempre que un acreedor necesita perfiles crediticios de personas que tienen un determinado puntaje crediticio, compran esa información en las agencias de informes crediticios. Esto les ayuda a orientar sus productos y servicios, ya que luego enviarán correos electrónicos a los que están en esa lista para invitarlos a comprar o usar sus productos y servicios. Se cree que la mayoría de estas empresas persiguen a las que tienen una puntuación baja. Esto les permitirá tener la oportunidad de obtener mayores ganancias y sacar la mayor cantidad de dinero posible de los bolsillos de estas personas.

El sistema de crédito consta de tres partes, los acreedores, los burós de crédito y tú.

Si un acreedor necesita un informe de los consumidores de crédito que tienen un puntaje crediticio específico, entonces puede comprar los perfiles crediticios de las agencias de informes crediticios, lo que facilita la orientación adecuada de los productos y servicios. Ellos (los acreedores) le enviarán información atractiva sobre las ofertas que debe comprar.

Los datos crediticios de alto riesgo son los más vendidos para las diferentes agencias de informes crediticios. Por lo tanto, si tiene una calificación crediticia de alto riesgo. Es probable que reciba innumerables solicitudes por correo electrónico para que las solicite en diferentes tarjetas de crédito. El razonamiento de esto es sencillo. Con una calificación crediticia de alto riesgo, se le cobrará más por acceder al crédito. Esto simplemente significa que los prestamistas ganarán más dinero contigo.

Si tiene una calificación crediticia excelente, tiene un riesgo bajo y los prestamistas le cobran menos por acceder al crédito, lo que significa que ganan menos dinero cuando adelantan su crédito. En otros términos, los prestamistas querrán aprovecharse de usted si tiene mal crédito porque están seguros de que al final ganarán más dinero. Incluso si no cumple, es probable que haya pagado más dinero que alguien que tiene buen crédito. Los datos de alto riesgo son un producto tan vendido que las agencias de informes crediticios cobran más por ellos; ¡tiene una gran demanda!

Esto se puede traducir en el sentido de que a los acreedores y las agencias de informes crediticios no les importan que usted tenga un buen crédito. En cualquier caso, si tu calificación crediticia es mala, ¡te cobrarán más! ¿Sabe que se ha demostrado que más del 90% de los informes de crédito tienen entradas inexactas, no verificables y erróneas?

Bueno, ahora sabe por qué su puntaje crediticio siempre se está volviendo malo, incluso con todo su esfuerzo. Estas empresas lo hacen con fines de lucro. Incluso pasarán por alto cuando se publiquen entradas erróneas en su informe. En cualquier caso, nos han convencido de pensar que los informes son la verdad del Evangelio cuando no se acercan a eso. Entonces, en términos simples, estos 2 jugadores en el sistema de crédito solo pueden ser obligados por la ley a poner las cosas en orden. No tienen ningún interés en que usted tenga un crédito perfecto porque todos ganan más dinero si usted tiene mal crédito.

Si forma parte de este grupo de consumidores de crédito, obtendrá las ofertas más atractivas y las solicitudes por correo electrónico para solicitar tarjetas de crédito. La razón es simple, como se mencionó, cuando su puntaje crediticio no es tan bueno, los acreedores cobrarán más por adelantar su crédito, lo que significa que ganan más dinero. En términos financieros, los acreedores abordan su exposición al riesgo crediticio cobrando más por el crédito. Si tiene la capacidad de pagar la cantidad correcta a tiempo, esto hará que pierdan una cantidad sustancial de ganancias. No estarán satisfechos con lo que reciben y querrán más de sus clientes. Es posible que no le nieguen el crédito directamente, pero no estarán particularmente interesados en darle dinero. Estarán esperando que entre alguien con mal crédito. Cuando tiene mal crédito, es posible que esté pagando hasta tres veces lo que pagaría si tuviera un puntaje crediticio perfecto.

Por tanto, las empresas irán expresamente tras las que tengan una mala puntuación y pondrán todo su empeño en atraparlas. Como puede ver, los acreedores se inclinarán a aprovecharse de aquellos con puntaje de crédito de alto riesgo por la simple razón de que ganarán más dinero con ellos incluso si estuvieran en incumplimiento, ¡ya que ya habrán ganado dinero! Entonces, hay mucha planificación que hacen solo para llenar sus bolsillos.

No debería sorprenderle que estas empresas trabajen de la mano. Se necesita un esfuerzo de ambos extremos para que sus esquemas funcionen y se asegurarán de que estén en la misma página. Elaborarán planes que beneficiarán a ambos y harán que cada uno obtenga una gran ganancia a expensas del cliente. Imagínese intentar engañar a millones de clientes anualmente, es una tarea hercúlea y requerirá que la empresa esté lo más preparada posible para lograrlo con facilidad. Por esta razón, se unirán y se asegurarán de que cada uno reduzca las ganancias.

Aparte de estos 2, habrá algunos terceros que trabajarán para ayudar a estas empresas de crédito. Pueden ser empresas subcontratadas o independientes que buscan conectarse con las empresas de crédito y tratar de ganar dinero por sí mismas. Estos tendrán el trabajo exclusivo de buscar personas que no hayan revisado sus registros durante algún tiempo y estén decididos a incorporarlos. Harán un gran esfuerzo para captar la imaginación de estas personas y, una vez que las atrapen, las dirigirán a la compañía de crédito y harán que paguen por sus servicios.

Para demostrar que sus registros de historial crediticio incorrectos son un éxito de ventas para las agencias de informes crediticios, ¿sabe que incluso cobrarán más a los proveedores de crédito por acceder a dicha información? Así es, pagarán un poco más solo para encontrar a aquellos que tienen un mal crédito y comenzar a bombardearlos con correos electrónicos que les piden que soliciten crédito en su lugar. Esto significa que ninguna de estas partes tiene un interés específico en que la información de su informe crediticio se informe con precisión.

¿Sabe que solo un pequeño porcentaje de personas presenta disputas por tales artículos a pesar de que se ha encontrado que más del 90% de los informes de crédito tienen entradas erróneas, no verificables e inexactas? Muchos no desearán pasar por el dolor de demostrar que tienen la razón. Esto permite a las empresas tener una correa larga y no retrocederán en la explotación de estas personas. Las empresas tienen varios buenos días de campo debido a tal desconocimiento por parte de los clientes.

Las compañías de crédito estarán decididas a informar sobre su mal crédito y esto significa que algunas de ellas incluso permitirán que tales entradas se incluyan en su informe de crédito por la sencilla razón de que muy pocos de nosotros tenemos las agallas para impugnar las entradas en el informe de crédito, incluso si son incorrectos, no verificables y erróneos. Ellos sabrán exactamente quién no lo desafiará con solo mirar su historial crediticio. No tendrán interés en atender a aquellos que puedan entablar una disputa. Emplearán a personas para que busquen especialmente a aquellos clientes que tengan una mala puntuación y aquellos que parezcan más propensos a permanecer callados sobre los errores en sus informes.

Los otros 2 jugadores en el sistema crediticio (los acreedores y las agencias de informes crediticios) están en él para ganar la mayor cantidad de dinero de usted directa o indirectamente, por lo que contar con ellos para ayudarlo a hacer las cosas bien debería estar fuera de discusión. Cuanto más arruinado esté su puntaje de crédito, más dinero podrán ganar las agencias de informes crediticios y los acreedores. Es decir, cuanto menor sea el puntaje, mejores serán sus posibilidades de cargarte una bomba.

Por lo tanto, cuando presenta una disputa, los acreedores y las agencias de informes crediticios solo actualizarán los datos, no porque tengan algún interés en su bienestar, sino porque no tienen una opción y tienen la obligación legal de hacerlo actuar de acuerdo con la ley. No perseguirán expresamente su causa y, de hecho, a pesar de sus esfuerzos por corregir su mala puntuación, intentarán ignorarlo y empeorar las cosas para usted. Harán todo lo posible para asegurarse de que no tenga ninguna posibilidad de corregir su puntuación a pesar de que no sea culpa suya.

Ésta es la razón exacta por la que hay cientos, probablemente miles, de personas que desprecian a las compañías de tarjetas de crédito. No se detendrán ante nada y caerán a mínimos absolutos solo para ganar unos dólares extra. Muchas de estas empresas tendrán mala reputación y, sin embargo, encontrarán presas fáciles para sí mismas. Sabrán exactamente cómo pueden dirigirse a los clientes y conseguir que se suscriban a su tarjeta. Una vez que la persona está atrapada, no se detendrá hasta que cumpla su deseo de ganar tanto dinero como sea posible. El cliente pobre quedará atrapado y tendrá que rendirse a las demandas de la empresa viciosa.

Todos los días, hay cientos de clientes inocentes que caen en este truco y no se esfuerzan por verificar sus informes crediticios. Pero es importante que todas las personas revisen minuciosamente su informe y busquen entradas erróneas o incorrectas que puedan estar causando sus bajos puntajes.

Ahora que comprende que solo usted está de su lado en los asuntos relacionados con la precisión del informe crediticio, ¿cómo puede saber cómo su puntaje crediticio afecta su capacidad para pedir prestado? Es evidente que su puntuación es el elemento más importante de su informe y algo que debe investigarse con detenimiento. Pero, ¿qué es esta puntuación y cuáles son sus parámetros? ¿Cómo sabe si su puntuación es buena, media o mala?

Por supuesto, el informe no indica que una cierta cantidad sea mala, por lo que comprender qué puntos de referencia van a usar los prestamistas para categorizarlo como bueno, regular y malo será muy útil para que sepa qué esperar cuando vea ese número en su informe de crédito.

Introducción

Estás aquí porque quieres saber cómo funciona la reparación de crédito. No vamos a andar con rodeos contigo. La reparación de crédito no es un trabajo fácil y tampoco será un proceso rápido. Has realizado el trabajo preliminar para tratar de poner tus finanzas en orden estableciendo objetivos financieros, creando un cronograma, buscando formas de ahorrar dinero y solicitando una copia de tu informe crediticio. Ahora que tienes una copia de tu informe de crédito de una de las tres agencias de informes de crédito, es hora de levantarse y corregir los detalles engañosos en tu informe de crédito.

¿Qué es la reparación de crédito y cómo funciona?

La reparación de crédito es el método de reparar el estado de crédito que se ha degradado debido a una serie de factores. Podría ser tan simple como discutir los detalles para mejorar tu puntaje crediticio. Otro tipo de reparación de crédito consiste en abordar cuestiones financieras como la elaboración de presupuestos y comenzar a abordar inquietudes.

Puntos importantes a considerar:

- La reparación de crédito es el método para aumentar o reparar el puntaje de crédito de una persona.
- Pagar a una empresa para que se comunique con la oficina de crédito y señalar algo en tu informe que sea engañoso o incorrecto, y exigir que se elimine, es otra opción para reparar el crédito.

Cómo funciona la reparación de crédito

Si bien las empresas afirman poder limpiar los informes crediticios incorrectos, hacerlo requiere tiempo y esfuerzo. Los detalles no pueden ser eliminados por terceros. Se pueden impugnar los detalles específicos que estén mal o tergiversados. Si tus informes de crédito contienen información inexacta o incompleta, pueden presentar una disputa. Arreglar y reparar el crédito puede tener un mayor impacto en el uso y la acción del crédito que corregir dichos avisos o detectar operaciones fraudulentas en el propio crédito. Los antecedentes de pago de esta persona pueden afectar su puntaje crediticio. La adopción de medidas para garantizar que los pagos se realicen a tiempo o para mejorar el programa de pagos por crédito impago puede tener un efecto negativo en su puntaje crediticio. La cantidad total de crédito que tiene podría ser un factor. Por ejemplo, si alguien está utilizando a sabiendas grandes cantidades de crédito a su disposición, incluso si está haciendo pagos mínimos a tiempo, el tamaño de su deuda puede tener un impacto negativo en su puntaje crediticio. El problema es que su liquidez puede verse influenciada por su deuda. Podrían ver resultados si tomaran medidas para reducir su deuda.

Los acreedores pueden ayudar

Si tienes una cuenta de larga data con un acreedor, también puedes contactarlo directamente para aclarar el error en tu informe de crédito. Solicita que te escriban una carta que contenga el correo electrónico y la corrección. Además, solicita que notifiquen a cada agencia de informes crediticios que haya recibido esta entrada incorrecta para corregirla.

Crea una copia de la carta y adjúntala a la carta de disputa que envíes después de que el acreedor reciba una copia. Envíalo al servicio de informes crediticios y pídeles que actualicen tus registros. La agencia de informes crediticios te enviará un nuevo informe crediticio una vez que esté listo.

Capítulo 1: ¿La reparación de crédito es mala y ética?

Ten cuidado, no todas las empresas de reparación de crédito son éticas. No te dejes engañar por las estafas que prometen que pueden tomar un historial crediticio malo y cambiarlo de la noche a la mañana. O esa garantía de que pueden "obligar" a las agencias de crédito a eliminar toda la información negativa (pero precisa) de tu expediente crediticio de inmediato. Se necesita tiempo y su cooperación para mejorar tu crédito. Créeme cuando te digo que una empresa de reparación de crédito no puede burlar a las grandes oficinas de crédito. No importa ordenarles que hagan cosas como eliminar inmediatamente las ejecuciones hipotecarias o los pagos atrasados de los registros de sus clientes. La información inexacta se puede corregir fácilmente. Sin embargo, eliminar información negativa precisa requiere un plan y rara vez se hace de la noche a la mañana. Eso generalmente requiere la presentación de disputas oficiales y negociaciones cuidadosas con tus acreedores.

Algunas empresas de reparación de crédito no solo tergiversan lo que pueden hacer por ti, sino que también practican formas ilegales o fraudulentas de intentar mejorar tu crédito. A menudo, se reorganizarán como una organización sin fines de lucro para eludir las leyes estatales y federales que gobiernan la industria. Si estás lo suficientemente desesperado, puedes tener la tentación de correr el riesgo de algunas de estas acciones ilegales, pero no lo recomendaríamos. La gente ha perdido cientos y, en algunos casos, miles de dólares en estafas de reparación de crédito.

Las señales de advertencia al elegir una empresa de reparación de crédito:

- Recomiendan que no se comunique directamente con los burós de crédito.
- No revelan tus derechos legales ni lo que puedes hacer tu mismo.
- Quieren que pagues por adelantado según sus promesas verbales antes de hacer cualquier

trabajo. Solo pueden cobrarle después de haber completado los servicios que contrataron.

- Sugieren acciones poco éticas o ilegales, como hacer declaraciones falsas en una solicitud de préstamo, tergiversar tu número de seguro social u obtener un número EIN bajo pretensiones falsas. El uso de estas tácticas podría constituir fraude general, fraude civil, fraude postal, fraude electrónico y causarle muchos problemas.

El proceso de disputa

Lo primero que debes saber es que las tres agencias de informes crediticios deben impugnar la información inexacta de forma independiente. La aparición en disputa puede estar en los tres informes de crédito o no. Ten en cuenta que es posible que los clientes no pertenezcan a todas las agencias de informes crediticios. Es por eso que verás que en una lista algunos de los inversores no están en las otras.

Aunque las tres agencias de informes crediticios tienen la misma información, esto no significa que si un elemento sale de un informe crediticio, saldrá de los demás. No se promete cuál será el resultado. Es por eso que debes refutar cualquier información inexacta sobre cada artículo en particular.

Pueden usar sus formularios de apelación al disputar con agencias de informes crediticios, escribir su propio mensaje o impugnar el artículo en línea en su sitio web. Si decides disputar por escrito, simplemente indica los hechos en una o dos oraciones simples, concisas. Si optas por escribir un mensaje personalizado, también puedes utilizar las mismas respuestas según corresponda. Las respuestas de muestra serían:

- Esta no es mi cuenta.
- Esto no fue retrasado como se indicó.
- Esto no fue cancelado.
- Esto se pagó en su totalidad según lo acordado.
- Esta no era una cuenta de cobranza.
- Esta no es mi quiebra como se indicó.
- Este no es mi gravamen fiscal como se indica.
- Este no es mi juicio como se indicó.

Si has encontrado más de cuatro entradas en tu informe de crédito que necesitas disputar, no discutas todo en una sola carta. Ya sea que estés escribiendo una carta, completando un formulario o respondiendo a través de Internet, resuelve tus disputas. Envía o vuelve cada 30 días al sitio web de la agencia de informes crediticios y cuestiona hasta cuatro cosas más. Al enviar cada dirección, espera recibir un informe de crédito revisado aproximadamente 45 días después de enviar tu carta o desacuerdo en línea. Si tu nuevo informe crediticio no ha sido emitido antes de que sea el momento de apelar por segunda vez, continúa y envía tu segunda carta o impugnación en línea.

Una vez que se hayan enviado todas las cartas de quejas o se hayan publicado en su sitio web y se hayan recibido todos los informes de crédito revisados, verifica si los productos se han omitido o están incompletos. Si necesitas realizar el procedimiento nuevamente para los elementos restantes, deja un espacio de 120 días a partir de tu actualización más reciente para otras disputas.

Qué no debes hacer:

- Modificar tu identidad o intentar cambiarla.
- Historia es ficticia.
- No verificar cualquier información que sea 100% correcta.

Lo que debes hacer:

- Lee tus correos electrónicos, ¿debería enviarlos? Si una carta parece legítima, las agencias de informes crediticios creerán que ha sido redactada por un servicio de reparación de crédito y no investigarán la disputa.
- Utiliza tu membrete original (si tienes uno).

- Utiliza el formulario de apelación incluido con el informe de crédito por la agencia de informes de crédito, si lo deseas.
- Proporciona alguna evidencia que sugiera que la entrada incorrecta es errónea.
- Incluye el número de identificación para todas las comunicaciones que figuran en el informe de crédito.

Detectar un posible robo de identidad

Verificar tu informe de crédito también podrías detectar un posible robo de identidad. Es por eso que debes solicitar una copia de tu informe crediticio al menos una vez al año o cada seis meses.

Las cosas a buscar serían:

- Nombres de cuentas y cifras que no conoces.
- No recuerdas haber llenado solicitudes de préstamo.
- Direcciones en las que no vives.
- Consultas que no conoces.

Reajuste de crédito

El reajuste de crédito es una forma rápida de corregir anomalías en el archivo de crédito de un cliente. Un proceso de disputa de reevaluación rápido funciona a través de prestatarios y agentes hipotecarios, varias compañías de informes crediticios de registro aprobadas y agencias de informes crediticios.

Si eres es un acreedor que solicita una nueva calificación en tu informe de crédito, deberás proporcionar documentos detallados que se enviarán a las agencias de garantía que están trabajando en tu caso. El registro de caja es el sistema utilizado por los otorgantes de efectivo. El archivo de datos recopila los registros de las tres principales agencias de informes crediticios y debe verificar la información inicial del consumidor para obtener una nueva puntuación. Una vez que se ingresa la verificación en el programa del repositorio, se producirá una nueva puntuación.

La desventaja de una nueva calificación rápida es que ahorra dinero sin tener que competir individualmente con una agencia de informes crediticios que puede tardar más de 30 días en completar una auditoría. Si la venta de una casa o un arrendamiento depende de tu puntaje crediticio y te encuentras en un apuro, la mejor solución es volver a calificar.

Primer paso para reparar realmente tu crédito

Escribe cartas a las agencias con los elementos correctos e incorrectos que has encontrado y tu razonamiento por el cual crees que deberían eliminarse de tu informe crediticio. Lo más importante al escribir estas cartas y al hacer cualquier tipo de contacto con las personas de las agencias de informes crediticios es mantener una comunicación muy cortés y profesional. Cuanto más agradable y preparado estés, más posibilidades tendrás de que te ayuden a reparar tu crédito. Firma y fecha tus cartas e intenta escribirlas a mano.

Contacto con el acreedor

En este punto, debes escribir otra carta, esta vez al acreedor. Puedes continuar alegando que la información negativa es incorrecta, pero ten en cuenta que no te creerán si no proporcionas pruebas sólidas que respalden tu reclamo.

Capítulo 2: Pasos secretos de la reparación de crédito

Paso 1: Conoce tu puntaje crediticio

Lo primero es lo primero, vea cuál es su puntaje crediticio y verifique su informe crediticio. La mayoría de la gente le dirá que puede consultar su informe crediticio de forma gratuita una vez al año visitando www.AnnualCreditReport.com. Además, si está tratando de corregir su puntaje crediticio, deberá verificar su informe al menos una vez al mes, no una vez al año. Otras personas también pueden dirigirlo a fuentes que le cobran por verificar su puntaje crediticio y que lo perjudican cada vez que lo verifica. No permita eso.

A continuación se muestra una lista de recursos GRATUITOS donde puede verificar su puntaje crediticio sin tener que preocuparse de que le cueste nada o perjudique su crédito:

- www.creditkarma.com — utilice este sitio para corregir su puntaje crediticio. El sitio ofrece informes de crédito y puntuaciones de Equifax y Transunion gratuitos que se actualizan cada semana.

149

- www.creditsesame.com - Igual que credit karma, pero se actualiza cada mes en lugar de cada semana. Le da una puntuación de crédito gratuita, pero no un informe de crédito gratuito.
- www.quizzle.com — Ofrece un informe de crédito y una puntuación gratuitos cada 3 meses.
- www.credit.com — Obtienes dos informes de crédito gratuitos y su puntaje se actualiza una vez al mes.
- www.wallethub.com — Ofrece actualizaciones diarias de sus puntajes e informes crediticios gratuitos. Hay algunos sitios web más, pero estos son los más populares.

Una vez que se haya registrado en uno de estos sitios y haya verificado su puntaje crediticio, es hora de analizar su informe crediticio en busca de errores.

Paso 2: Escanea a fondo tu informe de crédito

Todos tienen tres informes de crédito: uno de Experian, uno de Equifax y uno de Transunion. Estos son los tres grandes burós de crédito.

Una vez que obtenga su informe gratuito, revíselo a fondo. ¿Está todo correcto? Recuerde, en realidad es bastante común que aparezcan errores en su informe crediticio. Es muy importante que resalte cualquier error que deba eliminarse de su informe, lo que aumentará su puntaje crediticio.

Cuando revise el registro, tenga esto en cuenta. ¿Están todas mis cuentas en la lista? ¿Mi información personal es correcta? ¿Se enumeran correctamente todos los pagos atrasados? ¿Hay algo que no reconozca? ¿Todavía se enumeran cuentas que tienen décadas de antigüedad? Repase cada una de estas cosas.

Paso 3: Corregir errores en tu informe de crédito

Primero, repase todos los pagos atrasados. Comprueba si los reconoces. Si no, disputa. ¿Ya lo has pagado? Disputa. ¿El pago tiene más de 7 años? Disputa. Otras personas se inclinan a decirle que debe pagar sus pagos y cobros atrasados para que pueda terminar con ellos.

Luego verifique las consultas realizadas en su crédito. Disputa cualquier consulta incorrecta o no autorizada. Lo mismo ocurre con las colecciones y los registros públicos. Este es uno de los secretos para arreglar un mal crédito. Antes de disputar, asegúrese de no disputar algo que esté influyendo positivamente en su puntaje crediticio. Sólo disputa información personal, consultas crediticias, cancelaciones, cobros, quiebras, ejecuciones hipotecarias, embargos, embargos fiscales, juicios y otros.

Pero, ¿cómo se disputa exactamente un cargo? Por cada error, debe disputarlo con las tres agencias de informes crediticios. Sugiero escribirles una carta por correo postal, pero hoy en día también puede disputar los cargos en línea. El problema de presentar una disputa en línea es que, a menudo, usted acepta no poder demandarlos si no se elimina el cargo. Limita sus derechos, lo que le otorga menos control y hace que el proceso sea menos efectivo.

Además, no discuta por teléfono. Necesita pruebas y registros de su disputa. Puede encontrar fácilmente un modelo de carta que puede enviar a las agencias de informes crediticios. Todas las agencias de crédito también tienen su propio formulario de carta de disputa, simplemente consulte su sitio web. Imprima y envíe por correo la carta de disputa junto con la identificación y el comprobante de domicilio.

Paso 4: Historial de pagos aprobado

Su historial de pagos pasado tiene el mayor impacto. Arregle los pagos atrasados y evítelos en el futuro. Lo que puede hacer es configurar alertas de vencimiento de pago y organizarse mejor. Si las fechas de vencimiento no coinciden con las fechas en las que le pagan, hable con su banco o prestamista para cambiar la fecha de pago. Si le pagan al final de cada mes, cambie su fecha de vencimiento al final de cada mes también. Si es difícil arreglar algún pago atrasado, solicite al emisor o al prestamista si pueden perdonar el cargo. Dígales que estaba de vacaciones, que el cheque se perdió por correo o que no recibió notificación de la factura y no sabía que existía. Algunos emisores, especialmente los emisores de tarjetas de crédito, son bastante blandos si ha tenido un sólido historial de pagos en el pasado. Lo que es peor que tener un historial de pagos incorrecto, es no tener un historial de pagos. Si no tiene historial de pagos, intente obtener una tarjeta de crédito asegurada y realice pagos a tiempo para construir un historial de pagos saludable. Realmente trate de pagar sus facturas a tiempo en el futuro.

Paso 5: Relación deuda/crédito

Mantenga los saldos bajos. Evite llegar al máximo. Puede realizar todos sus pagos a tiempo, pero también es esencial mantener un saldo bajo cuando se trata de su tarjeta de crédito o de cualquier cuenta de crédito renovable. Las tarjetas de crédito son el peso principal de las tasas de endeudamiento, por lo que, si no tiene una tarjeta de crédito, definitivamente consiga una. Para calcular el índice de endeudamiento de su tarjeta de crédito, divida el saldo de su tarjeta de crédito por su línea de crédito disponible. Entonces, si gastó $ 200 de su línea de crédito de $ 1000, eso es 200/1000 = 0.2, que es el 20%. Esto es bueno. FICO recomienda que la relación deuda-crédito sea inferior al 30%. Si su relación deuda-crédito es del 30% o más, disminuye tus gastos o aumenta tu línea de crédito, es probable que tu banco acepte aumentar tu línea de crédito.

Paso 6: Negocie sus cuentas existentes

Si tiene cuentas abiertas que están gravemente morosas, que muestran pagos atrasados o pagos lentos, comuníquese con los acreedores e intente negociar un nuevo arreglo de pago.

- Solicite más tiempo para liquidar el préstamo; considere esto, si tiene un préstamo con un plazo de 36 meses pregunte si se puede extender a 42 meses.
- Pedir una tasa de interés más baja.
- Pregunte cuáles son sus opciones.

Puede hacerlo usted mismo sin la ayuda de las empresas y organizaciones que intentan ponerlo en un plan de pago especial que le cobra mucho dinero por hacer algo que puedes hacer por ti mismo. Este es un dinero extra que puede usarse para pagar parte de esa deuda. Simplemente explique a los acreedores que tiene dificultades financieras, a continuación se muestran algunas dificultades típicas:

- Pasar por un divorcio
- Enfermarse y tener un seguro insuficiente o no tener seguro médico
- Muerte de un pariente cercano (padre, hermano, cónyuge, hijo)
- Perder un trabajo o reducir horas de trabajo
- Reparaciones importantes de un automóvil (reemplazar motor/transmisión)
- Accidente automovilístico
- Quedar discapacitado
- Una racha de mala suerte
- Etcétera

Recuerde anotar en su horario todo el progreso que ha logrado en la negociación de sus pagos.

Capítulo 3: Estrategias para reparar tu puntaje crediticio

Estrategia pagar para eliminar

Si tiene elementos despectivos en su informe de crédito, puede optar por pagar el saldo de crédito impago solo si el acreedor acepta eliminar los elementos de su informe de crédito. Como ya mencioné, no acepte que aparezca un saldo de $ 0 en su informe de crédito, ya que esto afecta su reputación. Esto finalmente mejorará su calificación. En realidad, la idea es asegurarse de que cualquier cantidad que acepte pagar no aparezca como su última fecha de actividad. Si el acreedor solo se preocupa por su dinero, ¿por qué debería molestarse en decirle al mundo que finalmente ha pagado?

En la mayoría de los casos, los acreedores a menudo cancelan las deudas en solo 2 años de incumplimiento constante, después de lo cual esta información se vende a granel a una empresa de cobranza por unos centavos de un dólar. Esto significa que las empresas de cobranza estarán bien incluso si usted paga una fracción de lo que debería pagar. ¡Pague lo que pague, ellos seguirán ganando dinero! Esto los hace abiertos a negociaciones como pagar para eliminar, ya que de todos modos no tienen nada que perder.

- Por lo tanto, solo use el enfoque de pago para eliminar en este nivel y no en ningún otro. En realidad, la única otra forma de evitarlo para la empresa de cobranza es un juicio, que puede ser costoso, por lo que tiene alguna ventaja aquí.
- Además, use esta estrategia cuando comiencen a aparecer nuevos elementos negativos en su informe que podrían dañar su reputación como consumidor de crédito.
- Además, dado que los acreedores a menudo venden la misma información a varias empresas de cobranza, es probable que empiece a notar que varias empresas informan sobre la misma deuda; use la estrategia pagar para eliminar para sacarlos de su informe.
- También puede utilizar esta estrategia si no ha tenido éxito en eliminar elementos de su informe de crédito utilizando otros métodos. Si opta por ir por el camino de la disputa, es posible que el proceso sea cíclico, lo que resultará engorroso, tedioso y frustrante; no quieres entrar en este ciclo.

Ahora que sabe cuándo utilizar este método, comprender cómo funciona todo el proceso es muy importante. Para empezar, asegúrese de obtener una aceptación por escrito si están de acuerdo con sus horarios; ino pague sin una carta! Una vez que esté de acuerdo, espere unos 45 días para que su servicio de supervisión crediticia le proporcione el próximo informe crediticio. Estas empresas tienen el poder legal para iniciar el proceso de eliminación, así que no acepte nada menos, como actualizar el saldo; es una eliminación o nada. No se preocupe si una empresa parece no estar de acuerdo con sus términos, ya que probablemente aparecerá otra y aceptará la oferta con mucho gusto.

En cualquier caso, ¿qué tienen que ganar si se quedan con tu deuda cuando tú estás dispuesto a pagar? Recuerde que los registros solo estarán durante 7 años, por lo que, dado que ya pasaron 2 años, estas empresas no tienen otra opción, de lo contrario, ¡simplemente puede dejar que pasen los 7 años! Sin embargo, no use esto como una excusa para no pagar sus deudas, ya que los acreedores pueden demandarlo para obligarlo a pagar los montos pendientes. El objetivo de este proceso es garantizar que cualquier mala experiencia que tenga con un acreedor no haga que los demás tomen decisiones desfavorables de su parte.

NOTA: no sea demasiado agresivo con los acreedores que tienen mucho que perder en el proceso, especialmente los acreedores recientes, ya que probablemente puedan demandarlo. Su objetivo es solo ser agresivo con los acreedores a los que el estatuto de prescripción les prohíbe demandarlo en la corte. No querrás meterte en problemas legales para agravar tus problemas existentes. Intente ser lo más inteligente posible y haga todos los movimientos correctos para ayudarlo a reparar su crédito lo antes posible.

Pagar para eliminar no es la única opción disponible para usted; puede utilizar otras estrategias para reparar su crédito.

Verifique las infracciones de la FDCPA (Ley de prácticas justas en el cobro de deudas)

La ley es muy clara sobre lo que pueden hacer las agencias de cobro y lo que no pueden hacer en lo que respecta al cobro de deudas. Por ejemplo:

- No deben llamarlo más de una vez al día a menos que puedan probar que sus sistemas automatizados marcaron accidentalmente.
- No pueden llamarlo antes de las 8.00 am Ni después de las 9.00 pm.
- No pueden amenazarlo, menospreciarlo o gritarle para hacerle pagar las deudas pendientes.

- No pueden decirle a nadie más que a su cónyuge por qué se están comunicando con usted.
- La mejor manera de hacerlo es hacerles saber que está grabando todas sus llamadas.
- No pueden tomar más dinero de su cuenta del que usted ha autorizado si realizan una ACH.
- Tampoco pueden enviarle cartas de cobro si ya les ha enviado una orden de cese y desistimiento.

Si puede probar que las compañías de cobranza están violando las leyes, debe presentar una queja ante la compañía y luego pedirle a su abogado que envíe pruebas que indiquen las violaciones; A continuación, puede solicitar la condonación de cualquier deuda pendiente. Debe comprender que la ley está de su lado en tales circunstancias; de hecho, si las infracciones son graves, las empresas de cobranza podrían verse obligadas a pagar multas de hasta $ 10,000 por estas infracciones.

Por lo tanto, si su deuda es significativamente menor que esto, podría estar en camino de liquidar su deuda, ya que estas empresas prefieren pagar su deuda que pagar la multa.

Busca errores en tus informes de crédito

Su informe de crédito debe estar libre de errores. Incluso lo más mínimo como informar la fecha incorrecta de la última actividad en su informe de crédito es suficiente para dañar su crédito. Si la fecha de cancelación es diferente de la que se informó, puede disputar la entrada para que se corrija y refleje el estado real de su crédito. Sin embargo, tenga en cuenta que las agencias de informes crediticios en la mayoría de los casos confirmarán que la entrada negativa es correcta incluso si este no es el caso, lo que significa que no eliminarán el elemento erróneo.

Debe esforzarse para llevarlos por el camino correcto. Para lograr que cumplan, debe informarles que la ley les obliga a tener preponderancia de sus sistemas para asegurar que estos errores no surjan. Por tanto, el mero hecho de confirmar el error inicial no es suficiente. Infórmeles sobre el Aviso (Citación) y la queja para que comprendan que usted habla en serio sobre el asunto. Una vez que tengan una idea de su postura, se esforzarán por hacer lo correcto. La cosa es; las oficinas no quieren que ningún caso llegue a los tribunales, ya que esto podría, en última instancia, proporcionar una prueba de que sus sistemas son débiles o defectuosos, lo que significa que probablemente se encontrarán en problemas mayores.

Así que intente transmitir un punto fuerte para que comprendan que habla en serio. El mero intercambio de correos electrónicos no es suficiente y debe enviarles detalles sobre qué tan sólido será su caso. Esto les hará comprender su posición y decidirán ayudarlo a evitar ir a la corte. Esto, a su vez, funcionará a su favor para hacer que profundicen en el problema. Sin embargo, este método solo funcionará si está seguro de que realmente se cometió un error. También necesitará una prueba para ello y no puede simplemente declarar que hubo un error.

Solicitar prueba de la deuda original

Si está seguro de que la tarjeta de crédito ha sido cancelada por pago atrasado, es muy probable que las compañías (Capital One y Citibank) no puedan encontrar los extractos de facturación originales dentro de los 30 días, que la ley les exige que respondan. En efecto, esto le permite eliminar del informe de crédito cualquier entrada que haya disputado como si nunca hubiera sucedido.

Otro enfoque útil es solicitar que se proporcione el contrato original que firmó para demostrar que realmente abrió esa tarjeta de crédito en particular en primera instancia. Al hacer esto, no se limite a pedir una "verificación", ya que esto solo le pide a la agencia de cobranza que "verifique" que realmente recibió una solicitud de cobranza en una cuenta que tiene su nombre.

Pagar al acreedor original

Cuando su deuda se vende a agencias de cobranza, probablemente correrá el riesgo de que aparezcan nuevos elementos en su informe crediticio, lo que puede dañar aún más su calificación crediticia. Sin embargo, puede detener eso enviando un cheque con el pago total de cualquier monto pendiente al acreedor original, luego de lo cual simplemente envía un comprobante de pago a esa agencia de cobranza y cualquier otra, luego solicite que elimine cualquier artículo despectivo que haya informado su informe de crédito.

Siempre es una buena idea estar en contacto directo con su acreedor o acreedores. De hecho, muchas de estas agencias estarán completamente equipadas para engañarlo y seguirán sus planes para que su informe muestre malos puntajes crediticios. Depende de usted intentar eliminar a estos "intermediarios" y realizar el pago usted mismo. También puede celebrar un acuerdo para pagar una parte del dinero al acreedor como pago total de la suma (la estrategia de pago para eliminar).

Según la ley federal, si el acreedor original acepta cualquier pago como pago total de cualquier deuda pendiente, la agencia de cobranza tiene que eliminar todo lo que haya informado. Esto solo funcionará si el acreedor original acepta el pago; Es posible que algunos de los cheques que pague al acreedor original le sean devueltos.

Cómo eliminar tu deuda

Recuerde que debe concentrarse en pagar todas sus deudas lo antes posible. No puedes perder más tiempo y debes intentar rematarlos para conseguir una buena puntuación. Veamos ahora las cosas que debe hacer para pagar sus deudas a tiempo.

Puede pagar sus deudas en uno de los dos métodos que están disponibles. El primero es el método de avalancha y el segundo es el método de bola de nieve. Cada uno tiene sus propias ventajas y desventajas. Debe buscar lo que mejor se adapte a su presupuesto y hacerlo sin perder más tiempo. Si cree que tiene suficiente dinero ahorrado, elija el método de avalancha, pero si tiene muy poco, elija el método de bola de nieve. Aparte de estos, si tiene suficiente dinero para pagar todo junto, también puede elegir esa opción.

Planificación

Recuerde trabajar siempre con un plan. Cuando tengas todo planeado, te resultará fácil terminar tu tarea. Empiece por preparar un presupuesto mensual incluyendo sus ingresos y gastos y trate de equilibrarlo para quedarse con la mayor cantidad de dinero posible al final. Debe agregar sus deudas a la columna de gastos y esto lo ayudará a pagarlas a tiempo. Cuando se quede con un superávit, puede usarlo para abrir una cuenta separada de "pago de deuda" y depositar el dinero allí. Una vez que tenga una cantidad sustancial, puede usarla para pagar todas sus deudas.

Organizar

La simple planificación no será suficiente y debe ser lo más organizado posible. Debe tener todo en su lugar para ayudarlo a operar sin problemas. Intente tener una cuenta diferente para cada una de sus deudas para que el dinero se transfiera automáticamente todos los meses.

También debe tener un presupuesto mensual establecido para sus gastos. No debe utilizar más dinero del que ha asignado. Cuando esté organizado, sentirá que su vida es fácil y que no hay muchos obstáculos en su camino.

Contacto

El siguiente paso es contactar a sus acreedores. Esto significa que te comunicas con ellos y les aseguras que vas a pagar tus deudas a tiempo. Muchas veces, vale la pena desarrollar una buena relación con sus acreedores. Pero no se esfuerce y permanezca dentro de sus límites. Necesita desarrollar una relación y no una amistad cercana con ellos. Necesita ganarse su confianza y hacer que les guste su determinación. Manténgase en contacto con ellos y actualícelos en cada uno de sus movimientos para pagar sus deudas a tiempo. Después de un tiempo, la informalidad entre ustedes dos comenzará a reducirse.

Negociar

Cuando haya logrado una buena relación, puede decidir solicitar un pequeño reembolso en su deuda o negociar la tasa de interés que debe pagar. Es posible que esto no sea posible con todos los acreedores, como los bancos, pero puede probar suerte con los prestamistas y otros prestamistas no comerciales. Una vez que estén satisfechos con el pago oportuno de sus deudas, es posible que decidan reducir un poco la tasa de interés. Pero no espere que renuncien a su préstamo, ya que nadie estará dispuesto a hacerlo. Puede preguntarles si puede pagar un poco menos por las últimas cuotas y contarlo como su reembolso.

Tarjeta de crédito asegurada

Cuando intente saldar todas sus deudas lo antes posible, no debe usar su tarjeta de crédito en exceso. Su puntaje de crédito se desplomará y, por lo tanto, es mejor que renuncie a estas. Existen alternativas a las tarjetas de crédito que puede considerar. Las tarjetas de débito son una gran idea, ya que solo sacará dinero de su propia cuenta cuando las use. Si desea tener la sensación de una tarjeta de crédito, entonces puede optar por una tarjeta de crédito asegurada. Estos son emitidos por su banco y estarán vinculados a su cuenta. Tendrá que agregar dinero a esta cuenta y habrá un límite en la cantidad que puede retirar en un mes. No se cobrarán intereses sobre la cantidad y debe volver a agregar el dinero que retiró dentro de un período de tiempo específico para ayudar a que la cuenta permanezca activa.

Familia

A veces, si hay mucha deuda, puede considerar pedir prestado algo de dinero a sus familiares. Cuando lo haga, podrá saldar una deuda fácilmente. Es posible que los miembros de su familia no le cobren una alta tasa de interés y podría estar dentro de su presupuesto. Puede considerar preguntarle a su papá, a su tío o a cualquier persona que esté en condiciones de prestarle la cantidad lo antes posible. No debe preocuparse por devolverles la suma y puede hacerlo sin prisa y a su propio ritmo.

Seguro de vida

También es posible que pida dinero prestado de su póliza de seguro de vida. Puede solicitar una cierta cantidad que se compromete a devolver dentro de un período de tiempo específico. No se cobrará ningún interés como tal sobre esta suma y puede reembolsarla después de unos años. Una vez que pague su deuda y la devuelva a su compañía de seguros, estará realmente libre y su puntaje crediticio comenzará a subir alto.

Préstamo bancario

Vale la pena tener todo unificado para facilitar los pagos. Esto significa que puede pedir prestada una cierta cantidad a su banco y pagar a todos sus acreedores al por mayor. Luego, solo puede pagar a su banco para liquidar sus deudas. Esto le facilitará las cosas, ya que solo tendrá que pagar a una institución. La tasa de interés también puede ser baja y eso le ayudará a ahorrar mucho dinero. La única desventaja de este tipo es que no muchos bancos aceptan este tipo de préstamos. Sin embargo, puede probar suerte y acercarse a dos o más bancos con una propuesta.

Ahorrar dinero

Cada mes, piense en formas en las que puede ahorrar dinero. Esto puede ser mediante el uso de cupones mientras compra o haciendo uso del crédito de la tienda para ayudar a ahorrar en la factura, etc. También puede vender sus cosas viejas y sin usar para ganar algo de dinero. También es una buena idea regalar un servicio en lugar de un regalo físico, ya que esto le ayudará a ahorrar dinero. Sin embargo, si no puede regalar un servicio cada vez, puede considerar comprarlos al por mayor después de que terminen las vacaciones y almacenarlo para regalarlo el próximo año. Reducir las facturas de electricidad, agua y gas también le ayudará a ahorrar dinero. También es ideal para comprar artículos de segunda mano por el momento y ahorrar más.

Puede seguir estos pasos para pagar todos sus préstamos lo antes posible y mejorar su puntaje crediticio.

Capítulo 4: Comprensión de la FCRA y la Sección 609

Cuando intenta arreglar su crédito, a menudo puede sentir que la baraja está en su contra, sin embargo, la verdad es que hay varias leyes que pueden ayudarlo a igualar las probabilidades cuando se trata de negociar, tanto con acreedores como con burós de crédito.

La FCRA (Ley de Informes de Créditos Justos) hace más que solo proporcionarle un informe crediticio gratuito cada año, también regula las diversas organizaciones de informes crediticios y ayuda a garantizar que la información que recopilan sobre usted sea precisa y justa. Esto significa que si ve información inexacta en su informe de crédito y la informa a la agencia correspondiente, ellos están legalmente obligados a investigar el asunto y resolverlo, generalmente dentro de los 30 días. Lo mismo se aplica a las agencias u organizaciones que generalmente agregan detalles a su informe crediticio. Finalmente, si una organización que revisa su informe crediticio decide cobrarle más o se niega a hacer negocios con usted en función de lo que encuentran en su informe, está legalmente obligada a informarle por qué y en qué informe encontraron la información negativa.

Si bien esto no lo ayudará con ese prestamista en particular, si la información es inexacta, al menos sabrá a dónde ir para aclarar el problema. Además, si informa una inexactitud y la agencia de informes crediticios ignora su solicitud, puede demandarlos para recuperar los daños o un mínimo de $ 2,500. También puede ganar una cantidad adicional basada en daños punitivos y honorarios legales y cualquier otro costo asociado. Debe presentar procedimientos legales dentro de los 5 años posteriores a la fecha en que esto ocurra.

¿Qué es la Sección 609? ¿Es efectiva una carta de disputa 609?

Lo primero que debemos tener en cuenta aquí cuando se trata de nuestros puntajes de crédito es de qué se trata realmente la Sección 609. Esta será una de las mejores formas de aumentar su puntaje crediticio y, aparte de unas pequeñas llamadas o de enviar un correo, no tendrá que hacer tanto para hacerlo todo. Analicemos ahora y veamos si podemos aprender un poco más al respecto.

La FCRA o la Ley de Informes de Créditos Justos cubrirá muchos de los aspectos y componentes de la verificación de crédito para asegurarse de que pueda mantener una cantidad razonable de privacidad y precisión a lo largo del camino. Esta agencia enumerará todas las responsabilidades que tendrán las compañías de informes crediticios y cualquier oficina de crédito, y también incluye los derechos del consumidor, que serán sus derechos en esta situación. Esta ley será la parte que regirá cómo va a funcionar todo para garantizar que todas las partes sean tratadas de manera justa.

Esta Ley va a limitar el acceso que pueden tener terceros a su expediente. Usted personalmente tiene que pasar y brindar su consentimiento antes de que alguien pueda revisar su puntaje crediticio, ya sea un empleador potencial u otra institución que le proporcione fondos.

No pueden entrar y simplemente mirarlo. Tenga en cuenta que si no está de acuerdo con que revisen la información, es probable que no obtenga la financiación que desea, porque hay muy pocas formas en que la institución pueda evaluar de manera justa el riesgo de que les plantees en términos de solvencia.

Hay varias formas en que una agencia de crédito puede atravesar, romper o violar la FCRA, por lo que esto le permite al consumidor una forma de protegerse si eso llegara a suceder.

Otra cosa a tener en cuenta sobre todo esto es que la FCRA se dividirá en secciones. En particular, la sección 609 de la FCRA se ocupará de la divulgación y colocará todas las cargas de proporcionar el tipo correcto de documentación en los burós de crédito.

Esto puede sonar un poco confuso, pero significa que es posible que tenga una deuda u otro elemento negativo en su informe crediticio, pero hay una manera de solucionarlo sin tener que esperar años para que lo deje en su informe, o tener que pagar una deuda que no puede pagar.

Tenga en cuenta que esto no pretende ser un método para que usted pueda asumir muchas deudas que no puede pagar y luego simplemente deshacerse de ellas. Pero en ocasiones, podría haber algunos con los que pueda luchar y obtener un impulso instantáneo a su puntaje de crédito en el proceso.

No es necesario que se le ocurra una forma de probar si el elemento del informe de crédito es legítimo o no. En

174

cambio, eso depende de las agencias de informes crediticios. Y hay muchos casos en los que no pueden hacer esto. Ya sea que compraron la deuda y no tenían la documentación adecuada, o hay algo más que no está bien, es posible que la compañía de crédito no pueda demostrar que usted es el propietario de la deuda o que adeuda en absoluto. Si este es el caso, deben eliminar la información de su informe crediticio. Cuando se cancela una deuda incobrable, o incluso se cancela un cobro, eso no hace más que muy bien para su puntaje general.

Algunos de tus derechos en virtud de la Sección 609 y cómo puedes utilizarlos en tu beneficio

De acuerdo con la Sección 609 de la Ley de Informes de Créditos Justos, las agencias de crédito no pueden enumerar ningún acuerdo crediticio sin verificar primero su validez. Se supone que el acreedor debe enviar una copia del contrato de crédito para que las agencias lo validen y lo guarden en caso de que haya alguna consulta.

Esto es importante porque las oficinas generalmente omiten este paso. Para ellos, es caro y requiere mucho tiempo verificar toda la información que reciben. Por ley, las oficinas están obligadas a proporcionar prueba de que han verificado la información dentro de los treinta días. Si no pueden proporcionar prueba del acuerdo original o evidencia posterior de listados negativos, y usted puede probar su identidad, entonces deben eliminar el listado. No importa si la información es precisa o no. Por eso es importante controlar su crédito.

Para aprovechar esta ley, lo primero que debe hacer es enviar una carta física a la dirección de consultas de facturación que proporciona el acreedor. Si rechazan su solicitud, se le permite solicitar toda la documentación que indique por qué lo rechazaron.

Un subconjunto de esta ley es lo que se conoce como la Ley de gemas ocultas, esto significa que puede disputar cualquier transacción realizada dentro de las 100 millas de su hogar, o en cualquier lugar de su estado de origen, que exceda los $ 50. Si el cobrador de deudas infringe estas reglas o actúa de otras formas que no están permitidas, entonces usted puede presentar una demanda privada y recuperar los costos, honorarios y daños. Es más, ni siquiera necesita probar los daños y es probable que se le otorgue un mínimo de $ 1,000.

Formas de acercarse a la institución financiera

Si la agencia de informes crediticios tiene dificultades para modificar su informe y usted cree que la información está incompleta o es incorrecta, querrá tomar medidas. A continuación se presentan algunas sugerencias que lo ayudarán con sus intentos.

Comuníquese con el acreedor directamente

Se pone en contacto con el prestamista, que le brindó el asesoramiento y le exige informar el crédito. Solicite al acreedor y redacte su carta. Puede utilizar información inexacta. Recibe una carta del prestamista y debería ser eliminado del historial crediticio si envía una copia de la carta a la oficina que hizo el informe defectuoso. Si se comunicó por Financiamiento, no es necesario que administre esta disputa a menos que proporcione la información. Pero dado que cree que también demuestra una base, y la disputa no se investigó adecuadamente en caso de que aumentara su queja, al igual que el presidente o el director ejecutivo, es muy probable que el proveedor responda. Si la empresa no puede o no quiere ayudarlo a eliminar la información que es inexacta, llame a la agencia de informes crediticios.

Documentar otra disputa con la agencia de informes crediticios con más información

Si tiene información que respalde su reclamo, es posible enviar una nueva disputa. Asegúrate de proporcionar información. Si disputa el error sin dar ninguna información a la oficina, esta determinará que su disputa es frívola, por lo que la oficina no necesita investigar el problema.

Presentar una queja sobre la agencia de informes crediticios

Puede presentar una queja con respecto a una oficina de informes de crédito junto con la Oficina de Protección Financiera del Consumidor (CFPB). El CFPB intentará obtener una respuesta y remitirá su queja. En el caso de que el CFPB crea que otra agencia del gobierno podrá ayudarlo, le permitirá saber y remitirá su queja.

Presentar una queja sobre el acreedor

Si el prestamista proporcionó Los datos erróneos o incompletos, no los revisa o no notifica al servicio de informes de crédito de una corrección (o incluso si informa a la oficina de informes de crédito de esta alteración, pero luego informa de manera incorrecta nuevamente), puede presentar una queja con la Comisión Federal de Comercio (FTC). O, si el prestamista es una institución grande, puede presentar una queja. El CFPB administra tipos de agencias, y eso significa que se puede documentar una queja. Si no está seguro de a qué agencia contactar, comience con la CFPB o incluso con la FTC, que remitirá su queja. Normalmente, estas agencias gubernamentales no lo representarán. Sin embargo, pueden enviar una consulta y pueden tomar medidas cuando haya quejas o pruebas de irregularidades.

Reclama por la Agencia Estatal de Protección al Consumidor

Algunos países tienen que otorgar informes crediticios a los prestamistas u oficinas que brinden información. Presente una queja ante el fiscal general o la oficina de protección al consumidor de su estado.

Considera agregar una declaración explicativa para tu informe crediticio

Tiene la declaración correcta para su puntaje crediticio. Tan pronto como envíe una declaración sobre la disputa utilizando una agencia de informes crediticios, la agencia debe incluir su declaración, o una lista de la misma.

Podría limitar su anuncio. En caso de que la agencia le ayude a redactar la excusa. No hay un límite de mandato. No obstante, es una idea fantástica mantener el anuncio en breve. De esta manera, la agencia de informes crediticios se inclina a revisar su petición.

Capítulo 5: Plantillas 609

Carta #1

(Carta inicial a la oficina de crédito en disputa de artículos)

{Nombre de la oficina}

{Dirección}

{Fecha}

{Nombre en la cuenta}

{Número de reporte}

A quien le interese:

El {Fecha del informe de crédito} recibí una copia de mi informe de crédito que contiene errores que dañan mi puntaje de crédito. Solicito que se investiguen por completo los siguientes elementos, ya que cada cuenta contiene varios errores.

{Acreedor 1 / Número de cuenta}

{Acreedor 2 / Número de cuenta}

{Acreedor 3 / Número de cuenta}

Gracias de antemano por su tiempo. Entiendo que debe verificar con los acreedores originales de estas cuentas y que se asegurará de que todos los detalles sean precisos. También comprendo que, según la Ley de Informes de Créditos Justos, deberá completar su investigación dentro de los 30 días posteriores a la recepción de esta carta. Una vez que haya terminado con su investigación, envíeme una copia de mi nuevo informe de crédito que muestre los cambios. Espero saber de usted ya que estoy buscando activamente un nuevo trabajo y no quisiera que estos errores en mi informe crediticio se interpongan en mi camino.

Atentamente,

{Su firma}

{Su nombre en letra de imprenta}

{Su dirección}

{Su número de teléfono}

{Su número de seguro social}

Adjunte una copia del informe de crédito que muestre qué cuentas está disputando

Carta #2

(Cuando no recibe una respuesta de la Carta #1)

{Nombre de la oficina}

{Dirección}

{Fecha}

{Nombre en la cuenta}

{Número de reporte}

A quien le interese:

El {Fecha de su primera carta} le envié una carta en la que le pedía que investigara varios errores en mi informe crediticio. Incluí una copia de mi primera carta y una copia del informe con los errores encerrados en un círculo. La Ley de Informes de Créditos Justos dice que solo debería tener que esperar 30 días para que finalice la investigación. Han pasado más de 30 días y todavía no he sabido nada.

Supongo que, dado que no respondió, no pudo verificar la información de las cuentas erróneas. Dado que han pasado más de 30 días, elimine los errores de mi informe crediticio y envíeme una copia de mi informe crediticio actualizado. Además, según lo exige la ley, envíe una copia actualizada de mi informe de crédito a cualquier persona que haya solicitado una copia de mi archivo de crédito en los últimos seis meses.

Espero saber de usted ya que estoy buscando activamente un nuevo trabajo y no quisiera que estos errores en mi informe crediticio se interpongan en mi camino.

Atentamente,

{Su firma}

{Su nombre en letra de imprenta}

{Su dirección}

{Su número de teléfono}

{Su número de seguro social}

Adjunte una copia del informe de crédito que muestre qué cuentas está disputando

Adjunte una copia de su carta original

Adjunte una copia de los recibos de las cartas registradas que muestren la fecha en que recibieron su carta original

Carta #3

(Solicitud de eliminación de elementos negativos del acreedor original)

{Nombre del acreedor}

{Dirección}

{Fecha}

{Nombre en la cuenta}

A quien le interese:

El {Fecha del informe de crédito} recibí una copia de mi informe de crédito que contiene errores que dañan mi puntaje de crédito. Solicito que se investiguen por completo los siguientes elementos, ya que cada cuenta contiene varios errores.

{Descripción de los artículos que está disputando / número(s) de cuenta}

He adjuntado un duplicado del informe de crédito y he resaltado la(s) cuenta(s) en cuestión.

Gracias de antemano por su tiempo. Entiendo que debe verificar estas cuentas y que se asegurará de que todos los detalles sean precisos. También comprendo que, según la Ley de Informes de Créditos Justos, deberá completar su investigación dentro de los 30 días posteriores a la recepción de esta carta. Una vez que haya terminado con su investigación, por favor avise a todas las agencias de crédito importantes donde haya reportado mi información. Además, envíeme una carta confirmando los cambios.

Espero saber de usted ya que estoy buscando activamente un nuevo trabajo y no quisiera que estos errores en mi informe crediticio se interpongan en mi camino.

Atentamente,

{Su firma}

{Su nombre en letra de imprenta}

{Su dirección}

{Su número de teléfono}

{Su número de seguro social}

Adjunte una copia del informe de crédito que muestre qué cuentas está disputando

Carta #4

(Si no recibe una respuesta de la Carta# 3)

{Nombre del acreedor}

{Dirección}

{Fecha}

{Nombre en la cuenta}

A quien le interese:

El {Fecha de su primera carta} le envié una carta en la que le pedía que investigara varios errores en mi informe crediticio. Incluí una copia de mi primera carta y una copia del informe con los errores encerrados en un círculo. La Ley de Informes de Créditos Justos dice que solo debería tener que esperar 30 días para que finalice la investigación. Han pasado más de 30 días y todavía no he sabido nada.

Supongo que, dado que no respondió, no pudo verificar la información de las cuentas erróneas. Dado que han pasado más de 30 días, informe inmediatamente la información actualizada a todas las agencias de crédito importantes para que puedan actualizar mi informe crediticio. Además, envíeme una carta confirmando estos cambios en la forma en que reporta mi cuenta.

Espero saber de usted ya que estoy buscando activamente un nuevo trabajo y no quisiera que estos errores en mi informe crediticio se interpongan en mi camino.

Atentamente,

{Su firma}

{Su nombre en letra de imprenta}

{Su dirección}

{Su número de teléfono}

{Su número de seguro social}

Adjunte una copia del informe de crédito que muestre qué cuentas está disputando

Adjunte una copia de su carta original

Adjunte una copia de los recibos de las cartas registradas que muestren la fecha en que recibieron su carta original

Carta #5

(Si la Oficina de Crédito no elimina los elementos negativos en disputa)

{Nombre de la oficina de crédito}

{Dirección}

{Fecha}

{Nombre en la cuenta}

{Número de reporte}

A quien le interese:

El {Fecha de su primera carta} le envié una carta en la que le pedía que investigara varios errores en mi informe crediticio. Incluí una copia de mi primera carta y una copia del informe con los errores encerrados en un círculo. De acuerdo con su respuesta, ha optado por dejar estos elementos negativos en mi informe de crédito, lo que es un insulto a la lesión. Los elementos en cuestión son:

{Acreedor 1 / Número de cuenta}

{Acreedor 2 / Número de cuenta}

{Acreedor 3 / Número de cuenta}

189

Me parece completamente inaceptable que usted y el acreedor se nieguen a investigar adecuadamente mi disputa. Su negativa a seguir la Ley de Informes de Créditos Justos me está causando un estrés y una ansiedad incalculables. Como no cumplirá, quiero saber exactamente cómo investigó cada cuenta. Por lo tanto, me gustaría el nombre, el cargo y la información de contacto de la persona del acreedor con quien realizó la investigación. Esto me permitirá hacer un seguimiento personal con el acreedor y averiguar por qué están eligiendo informar estos errores en mi crédito mes tras mes.

Veo que soy sólo una persona entre miles o más de las que tienes que cuidar, pero para mí esto es personalmente dañino y humillante. Es posible que no lo entienda y no es necesario que lo haga; todo lo que pido es que cuando las personas miren mi archivo de crédito, vean la información más precisa y eso no es lo que está sucediendo.

Por favor, bríndeme la información solicitada de inmediato para que finalmente pueda dejar esta pesadilla atrás.

Espero saber de usted ya que estoy buscando activamente un nuevo trabajo y no quisiera que estos errores en mi informe crediticio se interpongan en mi camino.

Atentamente,

{Su firma}

{Su nombre en letra de imprenta}

{Su dirección}

{Su número de teléfono}

{Su número de seguro social}

Adjunte una copia del informe de crédito que muestre qué cuentas está disputando

Adjunte una copia de su carta original

Adjunte una copia de la respuesta de la Oficina que no muestre cambios en su crédito

Carta de buena voluntad

Una carta de buena voluntad es una solicitud que le hace a un acreedor en función de su relación pasada y futura. A continuación se muestra un ejemplo de una carta de buena voluntad que puede utilizar:

Fecha:

Nombre de la oficina de crédito

Dirección de la oficina de crédito

Código postal

A quien le interese:

Le escribo esta carta con la esperanza de recibir ayuda con mi número de cuenta. Espero que se haga un ajuste de "buena voluntad" en mi informe de crédito con respecto a los pagos atrasados que se hicieron en esta cuenta. Asumo toda la responsabilidad por mis acciones. En el momento de los pagos atrasados, estaba atravesando dificultades económicas y desde entonces he cumplido con mis obligaciones de pago con la empresa.

Soy un cliente fiel y satisfecho de la empresa y lo seguiré siendo en el futuro. Según mi historial de pagos pasado y actual, muestra que fuera de este período de tiempo siempre he realizado mis pagos a tiempo. Le agradecería mucho que considerara la posibilidad de eliminar la marca negativa que se informa a las agencias de informes crediticios. Espero tener noticias suyas tan pronto como haya tomado su decisión. Muchas gracias por su atención a este asunto, ya que es de gran importancia para mí.

Atentamente,

Nombre:

Dirección:

Número de teléfono:

Si la carta de buena voluntad falla, puede intentar disputar.

Carta de dificultad

Piense en una carta de dificultades como una carta de buena voluntad extrema. Esta carta se utiliza cuando tiene varios pagos atrasados y puede poner la cuenta al día.

En esencia, estás pidiendo un poco de compasión. Suceden cosas terribles todo el tiempo, pero todos necesitamos un descanso de vez en cuando.

Aquí hay una carta de muestra:

Estimado [acreedor]:

Recientemente he sufrido graves dificultades económicas cuando {mi cónyuge falleció, emergencia médica, pérdida del trabajo, fracaso comercial, desastre natural... describa las dificultades aquí con moderado detalle}.

Como resultado de esta dificultad, me he retrasado en mi cuenta con usted y me gustaría hacer lo que pueda para remediar la situación.

Tengo {x} pagos atrasados en mi informe crediticio como resultado de esto. Le escribo para preguntarle, como cuestión de buena fe, si eliminaría los pagos atrasados en esta cuenta si puedo poner la cuenta al día y pagar todos los cargos por atraso asociados.

Me gustaría salvar mi crédito y mi relación con usted como acreedor, ya que he sido un cliente leal durante {x} años.

Cualquier ayuda que pueda brindar o cualquier otra opción que pueda tener serán muy apreciadas.

Atentamente,

Cliente.

Si bien tendemos a pensar en los prestamistas como grandes máquinas sin compasión, debemos recordar que hay personas que se preocupan y sienten que las manejan.

Se puede razonar con la gente siempre que tenga una dificultad real.

Además, los prestamistas no ganan dinero enviando su cuenta a cobros. Solo tienes que darles una razón para trabajar contigo y es posible que te sorprendan los resultados.

Capítulo 6: Consecuencias de no pagar tu deuda

¿Qué sucede cuando entra en una deuda grave o no paga sus préstamos? Bueno, depende del tipo de préstamo. Con automóviles y casas, el banco puede recuperarlos. Con la deuda del consumidor, a menudo tendrá que declararse en bancarrota para eliminar las deudas antiguas si está lo suficientemente hundido.

Los préstamos para estudiantes respaldados por el gobierno, sin embargo, son una bestia completamente diferente. NO pueden eliminarse por quiebra. Después de 270 días sin pagos, están oficialmente en mora y se quedan allí como un brote de acné en su informe crediticio, haciendo que su puntaje se vea desagradable. Algunas compañías de préstamos para estudiantes luego entregarán los préstamos a compañías oficiales de cobranza de deudas, que comienzan a quejarse de los pagos atrasados en su teléfono. Además, quedará enganchado por sus propias tarifas especiales. ¡Hurra!.

Es posible que deba probar el truco de la "tarjeta de crédito garantizada" para volver a aumentar su crédito después de este tipo de desastre financiero. Algunas personas quieren comunicarse con una empresa de liquidación de deudas o intentar obtener un préstamo, ¡pero no lo haga! A las empresas de liquidación de deudas también se les debe pagar, ya sabes, y de una forma u otra irán detrás de tu dinero. La mayoría de ellos son estafas. Los únicos honestos son las organizaciones sin fines de lucro, e incluso esos son dudosos. Los préstamos de día de pago cobran tasas de interés repugnantes de más del 500% en algunos casos, por lo que por un préstamo de día de pago de $ 1,000, se quedará sin más de $ 5,000. ¿Qué sentido tiene eso? Manténgase alejado de ellos.

Si no paga sus tarjetas de crédito, permanecerán intactas con el acreedor original durante unos seis meses. Un acreedor original es un banco como Chase, Citi, Capital One, Discover o American Express. Si sigue haciendo pagos, incluso si son solo $ 10 al mes, la cuenta permanecerá abierta con el acreedor original.

Pero si deja de hacer pagos durante seis meses, el acreedor original transfiere la deuda junto con los intereses cobrados a una empresa de cobranza. Luego intentan cobrar la deuda durante otros seis meses. A estas alturas, no ha realizado un solo pago durante un año. Si no se realiza ningún pago, su deuda, con las tarifas adicionales y otros gastos de la compañía de cobranza de deudas, se transfiere a una oficina de abogados, donde se presenta una sentencia en su contra en forma de demanda. El bufete de abogados representa al acreedor original o a la empresa compradora de deuda. La cantidad de demandas de reclamos menores basadas en el cobro de deudas pasadas ha aumentado significativamente en los últimos diez años, y ahora hay bufetes de abogados especializados que se dedican únicamente al cobro de deudas de personas promedio. Bueno, al menos ya no tenemos cárceles para deudores.

Si esto sucede, el acreedor o cobrador de deudas es el demandante y usted se convierte en el demandado. Incluso puede ir a juicio y reunirse con un abogado para establecer planes de pago ordenados por la corte en función de su documentación financiera real que lleve al tribunal. Tenga en cuenta que a menudo se incluyen intereses incluso después de que se haya emitido un juicio en su contra.

Si aun así no paga, se podría poner un gravamen sobre su propiedad y su salario podría ser embargado de su cheque de pago actual. Es legal en la mayoría de los estados embargar hasta el 25% de su salario. Sin embargo, si está gravemente enterrado, debe saber que el gran estado de Texas no permite el embargo de salario, por lo que sí está considerando mudarse, ¡Texas podría ser el lugar!

Estar informado sobre todo este proceso lo ayudará a tomar mejores decisiones sobre la reparación de su crédito antes de que las facturas se vayan a cobrar. Tratar con los cobradores de deudas es su propio juego, así que echemos un vistazo. Es un poco diferente a simplemente tratar con una compañía de tarjetas de crédito. Las reglas han cambiado.

Hacer desaparecer a los cobradores de deudas

Desafortunadamente, las empresas de cobranza de deudas simplemente no aceptarán su palabra de que está pasando por un momento difícil o de que deben dejarlo en paz. Necesitan ver pruebas. ¡A los coleccionistas les encanta el papeleo! Cuanta más prueba por escrito, mejor. Por lo tanto, antes de llamar a su cobrador de deudas para contarle la historia completa de por qué no puede pagar, prepárese.

Dedique tiempo a reunir todo su papeleo financiero. Obtenga copias de sus impuestos que muestren sus ingresos y su situación financiera. Reúna las facturas de su médico, la documentación del SSDI, los talones de pago y, si comparte un ingreso o vive del SSI de otra persona, todo el papeleo que acompaña a esa persona.

Luego, una vez que haya reunido toda su documentación, llame a su cobrador. Esté atento a las indicaciones del teléfono hasta que llegue al departamento de servicio al cliente. Esté preparado para esperar mucho tiempo en el teléfono. Solo reserva el tiempo para dedicarlo a esto. Sea cortés, pero breve y directo. Dígale al representante que no puede pagar y que tiene la prueba de que no puede hacerlo. Pregúnteles cómo puede conseguirles la documentación para que puedan adjuntarla a su archivo. ¿Quizás pueda enviarlo en un correo electrónico como un archivo PDF adjunto o enviarlo por correo o fax? Obtenga el nombre del representante y el estado (o país) donde se encuentra. Anote su número de cuenta. Pregunte si necesita proporcionar algún otro papeleo como prueba de la imposibilidad de pagar. Si le dicen que necesita algo, cumpla con eso. Pregunte si pueden poner un estado de dificultad financiera en su cuenta. Si es así, es genial. Muchos coleccionistas no lo hacen.

Después de colgar, siga inmediatamente las instrucciones del representante para enviar la documentación al cobrador. Conserve todos los originales y envíe únicamente copias. Después de dos semanas, vuelva a llamar al departamento de atención al cliente. Explique que habló con "Nombre" y ¿han recibido todos sus documentos? Asegúrese de que cada hoja de papel esté adjunta a su archivo.

El tercer paso es poner su nombre en su lista de "No llamar". MUY IMPORTANTE: Tenga en cuenta que tampoco llamarán por asuntos importantes, como llamadas de cortesía para notificarle que su saldo ha cambiado. Entonces, haz esto con precaución. Sí, las llamadas telefónicas son muy molestas. Pero esa es la principal forma legal de contactarlo.

En realidad, debe enviar su solicitud para que no se comuniquen con nosotros por escrito. Escriba o mecanografíe de forma legible en una hoja de papel en blanco:

Para Capital One,

Por favor ponga mi nombre en su lista de "No llamar". Elimine mi nombre de todas las listas de llamadas. Entiendo que no recibiré ninguna llamada telefónica.

Gracias,

Tu nombre

Conserve una copia, en caso de que la necesite por motivos legales. Después de enviar su solicitud al cobrador, espere tres semanas para que la reciba y adjunte la solicitud a su archivo. Su cuenta se marcará como "No llamar" si se ha realizado correctamente. Haga un seguimiento y llame al cobrador para asegurarse de que su cuenta haya sido marcada. Pregúntele al representante si necesita hacer algo más para asegurarse de que no se comunique con usted.

A lo largo de todo este proceso de negociación, continúe enviando los pagos que pueda. Sí, absolutamente puede enviar pequeños pagos a un cobrador de deudas, incluso si son solo $ 10 o $ 20 al mes. Le da un poco de tiempo para cambiar su situación financiera. No se rinda y no deje de enviar pagos.

También puede llegar a un acuerdo con los cobradores de deudas. Pregúnteles acerca de las opciones de liquidación y comience con menos del 50% de la deuda. Es posible que regresen con una contraoferta. Si hace esto, asegúrese de que pongan Pagado en su totalidad en su informe de crédito, si es posible.

Asegúrese de que se adjunte la documentación adecuada a su archivo y de que su dirección sea correcta. Se sorprenderá de la cantidad de información incorrecta que se puede adjuntar a su cuenta.

Solución para la reparación de crédito

Al establecer sus metas financieras, establecer su presupuesto, encontrar formas de ahorrar dinero y solicitar una copia de su informe de crédito, ha hecho su trabajo preliminar para tratar de poner sus finanzas en orden.

Ahora que las tres agencias de informes crediticios tienen una copia de su informe crediticio, es hora de ponerse manos a la obra y abordar la información inexacta que figura en su informe crediticio.

Revisión de tu informe crediticio

Cuando revisa cada uno de sus informes de crédito, ya sea en el sitio web de la agencia de informes de crédito donde puede descargarlo, o una copia impresa de su informe que recibió por correo, es vital que cada entrada se informe con precisión.

Cuando considera información engañosa o incorrecta en el informe de crédito, la Ley de Igualdad de Informes de Crédito señala que tiene derecho a disputar la presentación con la agencia de informes de crédito. La agencia de informes crediticios tiene que volver a examinar la admisión del acreedor. La consulta debe concluir dentro de los 30 días posteriores a la recepción del mensaje de la demanda.

Si el prestatario no responde dentro de ese período de tiempo, la agencia de informes crediticios debe eliminar del informe crediticio la entrada que está impugnando. Si el acreedor responde y se corrige la entrada incorrecta, la agencia de informes crediticios actualizará su informe crediticio. También existe el riesgo de que el prestatario pueda responder al informe crediticio y no realizar ningún cambio en él. Si no está satisfecho con su informe de crédito revisado, debe escribir un párrafo de 100 palabras para aclarar su versión de los hechos sobre cualquiera de los elementos restantes del informe de crédito. Este estado de cuenta del cliente aparecerá cada vez que aparezca en su informe de crédito. Si no desea escribir un párrafo de 100 palabras en su informe de crédito, podrá escribir otra carta de apelación de 120 días de su informe de crédito más reciente.

Cuando acceda a su informe de crédito en el sitio web de la agencia de informes de crédito, podrá disputar las entradas incorrectas en línea. El sitio tendrá casillas para verificar si hay inexactitudes junto con una razón apropiada.

Errores comunes en los informes de crédito

Tenga en cuenta que puede haber varios errores en cada uno de los tres informes de crédito. No es raro tener una cobertura positiva de una cuenta en un artículo, pero informes deficientes en otro.

Estos son algunos de los errores más comunes en los informes de crédito.

- Incluyó nombres, correos electrónicos o números de teléfono incorrectos.
- Datos que hacen referencia a otro del mismo nombre.
- Detalles duplicados, positivos o negativos, sobre la misma cuenta.
- Los registros tienen información negativa, aparentemente positiva.
- Los saldos de las cuentas por pagar aún están a la vista.
- Informes de pagos morosos que nunca se facturaron a su debido tiempo, esto indica límites de crédito incorrectos.
- Reclamaciones incluidas en la insolvencia pendientes de pago.
- Fechas de actividad incorrectas.
- Pagos vencidos no pagaderos.
- Registros judiciales que estén falsamente relacionados con usted, como condenas y quiebras.
- Los gravámenes fiscales no son suyos.
- Ejecuciones hipotecarias sin precedentes.

¿Deberías utilizar una empresa de reparación de crédito?

Utilizar los servicios de una empresa de reparación de crédito consiste básicamente en contratar a una empresa para que haga lo que usted puede hacer por sí mismo. El proceso realmente no tiene secretos. Todo lo que hace la empresa de reparación de crédito es disputar la información sobre las entradas negativas en su informe de crédito con las agencias de informes de crédito. La mayoría de las empresas pueden informar que tienen acuerdos con agencias de informes crediticios o tienen una forma secreta de conseguir que los prestatarios eliminen las entradas desfavorables. Es muy probable que esto no sea cierto porque tanto las leyes estatales como las federales bajo la Ley de Informes de Créditos Justos regulan las agencias de informes crediticios.

Se le cobrará una tarifa por trabajar con una empresa de reparación de crédito. Muchos sistemas recuperarán sus registros de crédito o le permitirán acceder a sus propios informes. La campaña de redacción de cartas comienza después de haber firmado un contrato con la empresa.

La razón por la que algunas personas contratan una empresa de reparación de crédito subcontratada es porque se sienten intimidados o no tienen tiempo para hacer el trabajo ellos mismos. Hasta que se registre con una empresa de reparación de crédito, hay muchos pasos que debe seguir. Muchas empresas operan ilegalmente y no querrás quedar atrapado en esa trampa.

Ten cuidado con las estafas de reparación de crédito

Lamentablemente, es fácil para las personas caer presa del fraude de reparación de crédito cuando son vulnerables y atraviesan desafíos financieros. Si está buscando una empresa de reparación por dinero en efectivo, aquí le mostramos cómo saber si es un negocio genuino o fraudulento. Es posible que muchas empresas estafadoras solo se registren para tomar el dinero y postularse por sus servicios. Esta es una lista de cosas que deberían levantar una bandera roja.

- La empresa quiere que pague por los servicios de reparación de crédito antes de proporcionar cualquier servicio.
- La empresa no le informa sus derechos y puede hacerlo de forma gratuita. Esto debería aparecer en cualquier documento que se le presente.
- La firma advierte que no se acerque explícitamente a ninguna de las tres principales agencias nacionales de informes crediticios. Saben que si lo hace, puede enterarse de que se llevaron su dinero y que no hacen nada.

- La compañía le dice que incluso si esa información es precisa, puede deshacerse de todos los informes de crédito negativos en su informe de crédito. Nadie puede prometer un cambio en su informe crediticio.
- La empresa asume que está intentando crear un identificador de crédito "diferente". Esto se conoce como segregación de archivos. Se logra solicitando el uso de un número de identificación de empleador para crear un nuevo informe de crédito en lugar del número de seguro social. Eso es absolutamente inconstitucional.
- La firma lo alienta a cuestionar cualquier información contenida en su informe crediticio independientemente de la precisión o puntualidad del material. Si la evidencia es 100% correcta, entonces no tiene base para un desacuerdo.

Recuerde, si recibe un consejo ilegal y lo sigue sabiendo que es ilegal, puede estar cometiendo fraude y se encontrará en un lío legal.

Si utiliza el correo postal, el teléfono o Internet para solicitar crédito y proporcionar información falsa, podría ser acusado y procesado por fraude postal o electrónico. La mayoría de los programas en los que se registra tienen la promesa de que los detalles que recibe son válidos al firmar el contrato.

La Ley de Organizaciones de Servicios de Crédito

Las instalaciones de reparación de crédito se rigen por las leyes estatales, federales y por la Ley de Organizaciones de Servicios de Crédito. Según esta ley, la mayoría de los estados requieren que las empresas de reparación de crédito en cada estado en el que operen estén registradas y consolidadas. Hay diferentes requisitos para cada país. Al inscribirse en este programa, verificará una copia de la Ley de Organizaciones de Servicios de Crédito de su estado. La Comisión Federal de Comercio y las oficinas del Fiscal General del Estado están persiguiendo a las empresas de reparación de crédito que no cumplen con las regulaciones y están solicitando a los clientes información engañosa. Visitando: www.ftc.gov, también puede obtener una copia de la edición estatal de la Ley de Organizaciones de Servicios de Crédito.

Algunas de las disposiciones clave de esta ley son para la protección del consumidor al suscribirse a un servicio de reparación de crédito. Una empresa de reparación de crédito debe darle un contrato por escrito que describa sus derechos y obligaciones que su estado ha aprobado. Asegúrese de leer la documentación antes de firmar algo.

Entonces, sepa que una empresa de reparación de crédito no puede:

- Realizar afirmaciones falsas sobre sus instalaciones, antes de firmar.
- Cargar tú mismo hasta que se completen los servicios prometidos.
- Proporcionar determinadas actividades hasta que se haya firmado un contrato formal y se haya cumplido un período de espera de tres días. Cancelará el contrato durante este período, sin pagar ninguna tarifa.

Capítulo 7: Cómo proceder con las cartas

Antes de comenzar aquí, hay algunos consejos y reglas que debemos seguir para asegurarnos de que vamos a aprovechar al máximo las plantillas que queremos usar. Vamos a echar un vistazo a una serie de cartas y plantillas diferentes que podemos enviar a las agencias que informan nuestro crédito para que podamos disputar parte de la deuda o los elementos negativos que se encuentran en nuestros informes. Estas plantillas le ayudarán a redactar y mantener su disputa lo más organizada posible. Cuando preste atención a algunos de los detalles que están allí, encontrará que es más fácil crear una carta que sea convincente y efectiva.

Hay algunas formas diferentes en las que podemos asegurarnos de que estas cartas lleguen a las partes correctas, y las veremos todas a continuación:

Correos electrónicos

Nuestro mundo parece funcionar en línea todo el tiempo, y encontrar formas de trabajar en nuestros puntajes de crédito y no tener que perder mucho tiempo copiando cosas o preocupándose por los rastros de papel puede parecer una gran idea. Y en algunos casos, podemos encontrar que enviar nuestras cartas 609 por correo electrónico será la mejor opción para nuestras necesidades.

Sin embargo, antes de hacer esto, asegúrese de tomarse el tiempo y hacer la investigación adecuada. Desea que los formularios terminen en las ubicaciones correctas, en lugar de que se envíen a los departamentos equivocados y no hagan nada por usted en el proceso. La mayoría de las veces, habrá listados de los distintos departamentos que desea manejar y con los que desea trabajar para cada agencia de crédito, así que échele un vistazo.

Una vez más, cuando esté listo, debe tener tantos detalles preparados para esto como sea posible. Simplemente enviar algunas líneas sobre el proceso y pensar que se harán las cosas es una tontería. Escribe una carta como lo harías si planeas enviarlas por correo y úsala como el cuerpo principal de tu correo electrónico. Mencione la Sección 609 y algunas de las disputas que desee plantear.

Además de esto, necesita tomarse un tiempo para agregar los otros detalles. Adjunte algunas formas de probar su identidad al correo electrónico, junto con una copia del informe de crédito que se ha resaltado para mostrar lo que está sucediendo y lo que le gustaría disputar. Agregue cualquier otra documentación que sea necesaria para ayudar a respaldar su caso, y téngala lo más limpia y organizada posible para asegurarse de que las personas adecuadas puedan encontrarla y utilizar esta información para ayudarlo.

Haciéndolo todo en línea

Muchas de las agencias de crédito han facilitado la tramitación y el trabajo de algunas de estas reclamaciones en línea. Esto le ayuda porque no necesitará revisarlo e imprimirlo todo o preocuparse por encontrar el papeleo o imprimir un montón de cosas. Y si ya está en su informe de crédito, su identificación ha sido atendida.

Dado que hay tantas personas en línea en estos días, hacer esto directamente desde el informe de crédito es un proceso simple y fácil para trabajar, y lo entenderá con bastante rapidez. No tome el camino más fácil con esto. Si simplemente hace clic en la parte que cree que está mal y envía un reclamo, esto no es suficiente. No habrá ninguna referencia a la Sección 609, y no podrá hacer que sigan necesariamente las reglas que vienen con la Sección 609.

Aquí es donde ser detallado será útil a largo plazo. Cuando envíe uno de estos reclamos en línea, asegúrese de escribir una nota con él para hablar sobre la Sección 609, específicamente la parte de 609 a la que desea hacer referencia en esta disputa. Por lo general, puede adjuntar otros formularios para documentar quién es y por qué cree que es necesario eliminarlos.

Trate esto como lo haría si intentara enviar la información a la agencia de crédito. Cuantos más detalles puedas incluir en esto, mejor. Esto ayudará a fortalecer su caso y puede dificultar que esos elementos permanezcan en su informe crediticio durante un período prolongado. Asegúrese de mencionar también el límite de tiempo de 30 días.

Teléfono

Un teléfono es un método que puede utilizar, pero no suele ser el adecuado para este tipo de proceso. Por ejemplo, ¿qué tan fácil será mostrarle a la agencia de crédito cómo es su licencia de conducir? Puede repetir el número si lo desea, pero este proceso sigue siendo un poco más laborioso que algunos de los demás y no siempre funciona tan bien como esperaríamos.

Sin embargo, esta es definitivamente una opción que podemos utilizar para llegar a las agencias de crédito, y para algunas personas que no están seguras de cuáles son sus derechos, o prefieren hablar directamente con los responsables de este tema, el teléfono puede ser la opción correcta. Asegúrese de tener una copia de su informe de crédito frente a usted cuando comience y de tener alguna otra información de identificación y más. Existe la posibilidad de que la otra parte tenga algunas preguntas para usted, y al menos querrán revisar y verificar su identidad para asegurarse de que están listos para comenzar. Pero las mismas reglas se aplican aquí, y si no recibe una respuesta dentro de los 30 días posteriores a esa llamada telefónica, entonces se debe borrar la información.

Mantenga buenos registros de la conversación, con quién habló durante ese tiempo, qué hora y fecha fue, etc. Esto hará que sea más fácil conseguir que alguien le responda y puede ayudarnos a que esto funcione a nuestro favor. Además, recuerde que deberá repetir estas llamadas telefónicas a las tres agencias de informes crediticios para que se aclare su información en todas ellas.

Correo

Otra opción con la que puede trabajar es el correo. Este suele ser un buen método porque le permite enviar toda la información a la vez. Como probablemente ya tenga una copia física de su SSN, licencia de conducir, informe de crédito y más, puede obtener copias de estos con bastante rapidez y luego enviarlas con la carta de la Sección 609 con la que está trabajando. Este método también nos permite una manera de recorrer y encerrar en un círculo o resaltar las partes de nuestro informe crediticio que queremos señalar a la agencia de informes crediticios.

Este método es rápido y eficiente y se asegurará de que la información llegue a la parte correcta.

Correo certificado

En su mayor parte, encontrará que trabajar con correo certificado será una de las mejores opciones que puede elegir. Esto asegurará que la carta llegue al lugar correcto y pueda decirle con certeza cuándo comenzará la cuenta regresiva de 30 días.

Si envía esto por correo regular, debe adivinar cuándo llegará la carta a la dirección final que desea. Y a veces te equivocarás. Si hay una demora en el envío por correo y llega demasiado tarde, entonces puede comenzar sus 30 días demasiado temprano. Por otro lado, si asume que tomará tantos días, puede esperar demasiado y perder la oportunidad de aprovechar esta laguna y usarla en su beneficio.

El correo certificado puede solucionar este problema. Cuando la agencia de crédito reciba la carta, recibirá un recibo sobre esa fecha exacta e incluso la hora. Esto hará que sea mucho más fácil para usted tener horas exactas, y puede agregarlas a sus registros. No hay más conjeturas en el camino, y puede estar seguro de que esta laguna en particular funcionará a su favor.

Otro beneficio que viene con el correo certificado es que se asegura de que llegue a su ubicación. Si nunca le devuelven un recibo o le devuelven algo que diga que la carta fue rechazada o que no se dejó en el lugar correcto, lo sabrá con anticipación. Por otro lado, si llega a su ubicación, usted lo sabrá y tendrá prueba de ello.

A veces las cosas se pierden. Si la agencia de crédito dice que no recibió la carta, tendrá prueba de que la envió y de que alguien dentro de la empresa la recibió y firmó. Ya sea que la empresa lo haya perdido en el camino, o que estén tratando de ser nefastos y no solucionar el problema por usted, el correo certificado lo ayudará a que todo funcione para usted.

A la hora de preocuparte por esos 30 días y cómo te afectará, tenerlo todo por escrito y recibos que demuestren lo que has hecho y cuándo, va a ser importante. Esto puede eliminar algunas de las conjeturas en el proceso y garantizará que realmente va a hacer que las cosas funcionen para usted si los 30 días han pasado y nadie podrá volver y decir que no lo hizo. Siga los procedimientos correctos.

Como podemos ver, hay algunas opciones diferentes que podemos usar cuando se trata de enviar nuestras cartas de la Sección 609.

Capítulo 8: Protege tu crédito – Monitoreo de crédito

Significa monitorear e inspeccionar su historial crediticio como se muestra en su informe. Al final, de eso se trata realmente, de su informe crediticio y, lo que es más importante, de cambios inesperados en dicho informe. Un servicio de monitoreo de crédito le brinda esto (por una tarifa, por supuesto). La mayoría de los servicios de monitoreo de crédito informan que monitorean y rastrean su informe de crédito diariamente.

¿Qué sucede con el monitoreo de crédito?

Cuando te registras con una compañía de monitoreo de crédito, ellos obtienen toda tu información de las tres agencias de informes crediticios y, por lo general, te preguntan si estás en el proceso de solicitar un nuevo crédito. A menudo, le pedirán que revise el informe crediticio y verifique la información. Por supuesto, querrán saber sobre cualquier actividad que considere sospechosa. Ahora, su nuevo servicio de monitoreo de crédito tiene una línea de base o un punto de partida. Cualquier cambio en su informe de crédito en el futuro podría ser marcado como posiblemente fraudulento. Dependiendo de las opciones disponibles y del plan de monitoreo que elija, se le alertará sobre cualquier actividad sospechosa que pueda afectar su informe crediticio.

Las empresas de supervisión crediticia suelen estar alerta ante:

- Nuevas consultas de crédito
- Morosidad
- Información negativa que aparece de repente
- Cambios laborales
- Nuevas cuentas de crédito
- Aumento de las líneas de crédito en las cuentas existentes.
- Otros cambios en su informe crediticio que podrían considerarse una señal de alerta por robo de identidad.

Debe tener en cuenta que una de las razones por las que los servicios de monitoreo de crédito se han vuelto tan populares últimamente es que sus alertas de actividad sospechosa en su informe de crédito se consideran una medida contra el robo de identidad. Algunas empresas de monitoreo de crédito incluso promueven sus servicios con esta afirmación.

Ventajas

- Seguimiento constante: Todos sus informes de crédito se controlan constantemente. Dependiendo de su elección de compañías y planes de monitoreo de crédito, este monitoreo podría ser diario o semanal.

- Mayor conocimiento: Sobre su propio crédito. Durante el tiempo que use un servicio de monitoreo de crédito, obtendrá un conocimiento de primera mano increíblemente valioso de cómo funciona realmente el crédito personal. Simplemente observando los informes proporcionados por su servicio de monitoreo de crédito, verá en tiempo real cómo cambia su informe de crédito. Verá cómo incluso las pequeñas acciones de su parte pueden tener un efecto considerable en su puntaje crediticio. Por ejemplo, puede ver caer su puntaje de crédito justo después de solicitar cuatro tarjetas de crédito de tiendas departamentales diferentes.

- No cuesta: Sí, este es un viejo cliché, pero aquí realmente funciona. Considérelo de esta manera: suponga que utiliza sus nuevos conocimientos sobre cómo funciona su crédito personal, cómo las pequeñas cosas afectan su puntaje crediticio y ese tipo de cosas para obtener una mejor tasa de préstamo. Realmente es así de fácil. Por ejemplo, digamos que utiliza su nueva sabiduría crediticia para aumentar su puntaje crediticio en 75 puntos.

- Protección contra robo de identidad: Dado que su informe crediticio está bajo un escrutinio constante, la detección de una posible actividad fraudulenta ocurre mucho más rápido. El servicio de monitoreo de crédito lo ayuda a detectar y minimizar los daños causados por el uso malintencionado de su información financiera personal. Además, muchas empresas de supervisión crediticia ofrecen protecciones legales y reembolsos financieros. Estos reembolsos pueden oscilar entre $ 25,000 y $ 1,000,000. Seguramente has visto los anuncios con el servicio de monitoreo de crédito de renombre que ofrece una garantía de un millón de dólares.

- Resolución de errores más rápida: Si detecta un error en uno de los muchos informes que le envía su servicio de supervisión de crédito, la mayoría de ellos le ayudarán a corregir el error.

- No más conjeturas: Ya que está pagando por un seguimiento crediticio profesional. Además, dado que su servicio de monitoreo de crédito lo alertará sobre cualquier actividad sospechosa, siempre estará al tanto de lo que está sucediendo con su crédito.

- Menos molestias para ti: Sí, el control de crédito puede realizarlo usted mismo. Sin embargo, pagar por un servicio de monitoreo de crédito elimina una cosa más que debe hacer.

Desventajas

- Precio: Por supuesto, todos los servicios prestados por las empresas de supervisión crediticia tienen un precio. El precio es una queja común contra las empresas de supervisión crediticia. Cada empresa establece su propia estructura de precios. Además, muchos de ellos ofrecen diferentes niveles de servicio a diferentes precios.

- **Disparidad de información**: La información disponible de un servicio de monitoreo de crédito puede ser muy diferente a la de otro servicio de monitoreo de crédito.

- **Problemas de cancelación:** Existen varios informes (quejas) de clientes anteriores de algunos servicios de monitoreo de crédito con respecto a la dificultad encontrada al cancelar el servicio.

- **Pérdida de tiempo de micro gestión:** Debido a que su nuevo servicio de monitoreo de crédito le brinda informes y análisis frecuentes, puede terminar tratando de micro gestionar su puntaje de crédito. Esta micro gestión podría terminar costándole mucho tiempo con pocos o ningún cambio sustancial en su puntaje crediticio.

- **Falso sentido de seguridad:** Dado que está pagando por un servicio de monitoreo de crédito, la tendencia es caer en la trampa de que es todo lo que necesita hacer para protegerse. La protección contra el robo de identidad involucra áreas adicionales más allá de su informe de crédito que aún necesita monitorear.

- **Un servicio de monitoreo de crédito no puede hacerlo tan rápido como podrías desear:** Todavía no es posible monitorear el historial crediticio de una persona en tiempo real. Por un lado, muchos acreedores solo reportan información sobre clientes existentes semanalmente o incluso mensualmente.

- Un servicio de monitoreo de crédito no es la solución final: Incluso el mejor servicio de monitoreo de crédito no es capaz de identificar completamente todas las actividades fraudulentas. Tenga en cuenta que hay muchos detalles crediticios que ni siquiera se informan a una agencia de informes crediticios.

Capítulo 9: Control de varios tipos de deuda

Tipos comunes de deudas

Depende de cómo elijas ver esto. Existen diferentes clases o tipos de deudas. Los dividiremos en cuatro grupos para que esto sea divertido. Ahora, el primer grupo.

1. Préstamos garantizados y no garantizados

Préstamos garantizados

Los préstamos garantizados son los tipos de deudas que obtiene al ofrecer algo como garantía en caso de que no pague ese dinero. Por ejemplo, si va a comprar una casa, un automóvil o comprar una gran máquina de trabajo, puede optar por un préstamo cuando no tenga fondos suficientes para pagar las facturas usted mismo. A menudo, eso es mucho dinero y su compañía de crédito quiere asegurarse de que lo paga todo sin complicaciones. Por lo tanto, se le pide que hipoteque algunos de sus activos valorados a su vez. Conservan los documentos hasta que se complete su pago. Si no paga, hay algunas acciones legales que realizar y venden los activos. La norma es que tome este tipo de préstamo sobre activos importantes.

Préstamos no garantizados

Los préstamos no garantizados son lo contrario de los préstamos garantizados. No tienes que apostar nada para acceder a un préstamo como este. Todo lo que necesita es indicar su interés, presentar sus documentos esenciales y el préstamo es suyo. El tipo de préstamo que solicita es lo que determina lo que presentará. Por ejemplo, su informe de crédito puede ser suficiente para obtener otra tarjeta de crédito. Es posible que tenga que dejar un pequeño depósito más su informe de crédito cuando se registre para algunos servicios públicos. Todos estos tienen un riesgo mínimo o mínimo por parte del usuario. Solo que puedes cubrir servicios sencillos con este tipo de préstamo, nada más. Ahora, puede imaginarse cuál pesa más en un puntaje crediticio clasificado por FICO.

2. Método de pago fijo y rotatorio

Método de pago fijo

Muchas veces, su compañía de crédito le establece términos, duración y método de pago claros. Cuando esto sucede, decimos que tiene un método de pago fijo. Por lo general, los métodos de pago fijos también atraen intereses fijos. Cuando participa en un acuerdo de concesionario, por ejemplo, se le puede agradecer que le paguen ese dinero a una cantidad particular cada mes y una tasa de interés particular. Digamos que el coche vale mil dólares. Se le permite pagar en dos años, con un interés total del 30%. Eso es bastante sencillo, ¿verdad? Así es como funcionan los préstamos de pago fijo. Una hipoteca es un ejemplo de préstamos de pago fijo, por lo que podría decirse que son bastante estándar.

Método de pago rotativo

Este tipo de préstamos son los que oscilan como campanas impredecibles. No existen modalidades exactas en la mayoría de los artículos. Simplemente tome los préstamos y pague lo que pueda. Por ejemplo, puede pagar cuando tenga los fondos; no hay una fecha límite exacta para los pagos. Tampoco tiene un límite para las tasas de interés. A menudo, su servicio público, así como su tarjeta de crédito, entran en esta categoría. Esta es la razón exacta por la que redacta una tarjeta de crédito, y puede usar la tarjeta de crédito tanto como quiera cada mes. No tiene que pagar ese dinero cuando termina el mes. Puedes pagar un poco ahora, mucho más en los próximos meses. Pero como FICO había aconsejado anteriormente, tiene mucho sentido establecer solo el 30% o menos de sus límites de crédito. Como era de esperar, su tasa de interés está determinada por la rapidez con la que cancela esa deuda.

3. Préstamos buenos y malos

Esta lista no se puede cerrar si este grupo no está aquí.

Buenos préstamos

La clasificación de préstamos como buenos o malos no existe en los registros oficiales. Tal vez si lo hiciera, nadie estaría emocionado de probar los malos. En cualquier caso, un buen préstamo es cualquier préstamo otorgado para invertir en recursos que pueden resultar útiles y disponibles durante un largo período, a veces, para siempre. Algunos de ellos son:

- Hipoteca: Si es condenatorio medir su hipoteca y está planeando entregar el edificio, mi sugerencia sincera es que siga adelante y se mantenga optimista. Este es uno de los préstamos de los que nunca te arrepentirás. A cualquiera le llama la atención que las casas son activos que no se gastan en el corto plazo. A veces, una casa puede ponerse en mal estado. Eso es normal. Se espera que lo mantenga lleno de brillo de forma natural. Si hace las cosas bien, nunca tendrá que pagar alquileres.

También tiene un activo que puede arriesgar para obtener grandes préstamos para construir su carrera. Si las cosas empeoran, puede subastar la casa y reiniciar su carrera en algún lugar. Sin embargo, un préstamo para comprar una casa es bueno. Solo asegúrese de poder seguir pagando hasta el final antes de retirar el préstamo.

- Préstamos para estudiantes: Bueno, es posible que escuche a alguien decir que sacar préstamos para estudiantes es una locura. Pero si revisa los dichos, encontrará algo diferente. Tienes que tener una buena educación y no puedes pagarla en ese momento. Tiene mucho sentido enredarse en un préstamo, obtener ese título y pagar mucho más rápido. Como puede temer, los primeros años después de la escuela los dedicaría a liquidar su antigua deuda. Pero pronto estará libre y tendrá acceso a oportunidades que quizás no hubiera encontrado sin la mejor capacitación. Desde todos los puntos de vista que ve esto, es un ganar-ganar para todos. Entonces, ¡votaría esto como un buen préstamo!

- Negocios: Ahora, esta es otra perspectiva. Si está obteniendo préstamos para aumentar sus inversiones, también se está conformando con buen préstamo. Sin duda, es un riesgo, ya que el negocio puede recuperarse y puede que no. Pero si probablemente juega bien sus cartas, su negocio puede prosperar, y ese es el comienzo de una meta que no veía venir.

Malos préstamos

- Préstamos para automóviles: De hecho, debe tener curiosidad por saber por qué los préstamos para automóviles deben etiquetarse como una mala deuda, ¿no es así? ¡Apuesto! Bueno, lo es. Préstamos para automóviles, concesionarios y cualquier tipo de préstamo para automóviles que obtenga es un mal préstamo. Esto se debe a que los automóviles no son activos que se puedan usar durante mucho tiempo. Si firma un contrato de préstamo de dos o cinco años, su automóvil ya está desarrollando algunos tipos de problemas. Por lo tanto, tendría que gastar en él y, al mismo tiempo, pagar sus préstamos para automóviles. Sería un desastre en unos años.

- Préstamos con tarjeta de crédito: Los préstamos con tarjeta de crédito son probablemente lo peor que puede hacer. No se pueden utilizar para conseguir cosas importantes. Y tomes nota o no, tu deuda va en aumento con cada mes que olvidas liquidar.

- La mayoría de los otros préstamos: La mayoría de los otros tipos de préstamos se incluyen en esta categoría, especialmente los que obtiene de amigos y familiares. A menudo no son precisamente importantes y deben evitarse. Excepto, por supuesto, que son fundamentales para usted, y está seguro de que hay alguna forma de devolverlo todo rápidamente.

Cómo controlar tu crédito

Independientemente de los tipos de crédito que haya extraído, es vital supervisarlo y controlarlo todo antes de que se salga de control. Incluso si se deslizó un poco, la mejor opción que tiene es encontrar alguna forma de monitorearlo y controlarlo. Por lo tanto, le mostraré algunas formas fáciles y prácticas en las próximas líneas:

1. **No dejes que las cosas se te escapen:** Esa es la primera regla. Prevenir es mucho mejor que curar. Es lógico pensar que si puede planificar adecuadamente y tener cuidado con los momentos difíciles, no debería tener que luchar ferozmente para salvar su puntaje crediticio. Todo lo que necesitas es hacer los cálculos. ¿Hacia a donde te diriges? ¿Cuáles son sus posibilidades de golpear a lo grande o de estrellarse terriblemente? ¿Qué tendría que hacer para evitar caer en un pozo de

deudas y luchar para pagarlas? Varias cosas que podríamos decir. Su primer trabajo es encontrar esos objetivos y ponerlos en funcionamiento.

2. **Salda tus pagos:** Los pagos pendientes solo aumentan sus deudas. Ya sea para deudas fijas y rotatorias. Entonces, con los hechos que debes evitar a la espera de tus pagos. Elimínelos en el instante que pueda.

3. **No juegues con las deudas renovables:** Las deudas renovables están llenas de sorpresas. Por lo general, asumiría que son las más pequeñas y, por lo tanto, se pueden pagar después de las deudas mucho más grandes. En realidad, sus deudas renovables (como sus tarjetas de crédito) se llevan más que sus deudas fijas. Tienden a aumentar todo el tiempo y también existe un alto potencial de aumento de intereses, lo que no ocurre en los casos de crédito fijo. Por lo tanto, conviene pagarlas antes de considerar otras deudas. ¡No demore a los demás también!

Si hace los cálculos y sus deudas renovables están fuera, tendrá una idea concreta de cómo abordar las únicas otras deudas que le quedan. Este es en sí mismo un estilo agudo de controlar las deudas que no notaste, y ahora lo sabes.

Capítulo 10: Arreglar tu puntaje de crédito rápidamente

Las agencias de crédito tienen 30 días para examinar las quejas y, con frecuencia, ceder a lo que los prestamistas declaran sobre usted, independientemente de si es válido o de si todas las partes están de acuerdo en que se ha cometido un error, los errores pueden continuar manifestándose en su archivo debido a la idea automatizada de la mayoría de los informes crediticios. Es posible que deba comunicarse con los acreedores y las oficinas varias veces para que se borren los errores. El proceso puede tardar semanas; En el mejor de los casos, es posible que se enfrente al conflicto durante bastante tiempo o incluso años. En caso de que esté intentando obtener una hipoteca, estos errores pueden causar problemas importantes. Probablemente no tendrá la oportunidad suficiente de arreglar su informe antes de que la casa salga del depósito en garantía o se atasque con una tasa de interés mucho más alta de lo que tiene derecho a pagar.

Los problemas, por ejemplo, pueden incitarlo a recurrir a una de las numerosas organizaciones que garantizan una "solución de crédito en el momento" o esa seguridad para ayudarlo a mejorar su puntaje crediticio. Sin embargo, ninguna organización auténtica ofrece tales garantías o certificaciones, por lo que cualquier individuo que emplee uno de estos equipos está pidiendo ser engañado. En cualquier caso, existe un número creciente de administraciones certificadas que pueden corregir los errores de su informe de crédito en 72 horas o menos. Siga leyendo para obtener más información.

Arreglar tu crédito en cuestión de horas – Recuperación rápida

Las administraciones de recuperación rápida salieron a la luz por el hecho de que un número tan grande de personas estaba perdiendo préstamos o pagando un exceso de intereses debido a errores de las agencias de crédito. Sin embargo, antes de que se energice, debe aprender lo que estas administraciones pueden y no pueden hacer:

- No pueden administrarlo directamente como consumidor. Las pequeñas agencias de informes crediticios suelen ofrecer la recuperación rápida, que actúan como una especie de intermediario entre las agencias y los expertos en préstamos. Sin embargo, estas agencias, que con frecuencia son gratuitas y que pueden ser auxiliares de los burós de crédito, brindan administraciones poco comunes para los funcionarios de préstamos y los representantes de hipotecas, por ejemplo, informes de crédito combinados o "3 en 1". Para beneficiarse de una rápida recuperación, debe trabajar con un funcionario de préstamos o un representante de hipotecas que compre una agencia que ofrezca la administración.

- Pueden ayudarlo en el caso de que tenga pruebas, o si se pueden obtener pruebas. Las agencias de recuperación rápida no están destinadas a ayudar a las personas que actualmente parecen no poder comenzar el proceso de corrección de crédito. Necesita algo por escrito, por ejemplo, una carta del acreedor reconociendo que su cuenta se informó como tardía cuando en realidad se hizo realidad a tiempo. (Esta es una razón por la que es tan necesario tener todo por escrito cuando intenta arreglar su crédito). Sin embargo, si no tiene esa prueba, el acreedor ha reconocido el error, algunos registradores rápidos pueden obtener la prueba para ti. No obstante, eso puede agregar días o semanas al proceso.

- Ellos pueden ayudarlo a corregir errores; sin embargo, no pueden eliminar las cosas negativas genuinas que están en disputa; además, necesita una prueba de que se cometió un error, no simplemente su opinión. Si la agencia de crédito ya está investigando su queja con respecto al error, el elemento normalmente no se puede incluir en un proceso rápido de reactivación.

- No pueden prometer que respaldarán su puntaje, a veces eliminar elementos negativos realmente puede dañar una puntuación, por extraño que parezca.

La fórmula de puntuación intenta contrastarlo con personas que tienen historiales crediticios comparables. En el caso de que haya sido incluido en la reunión con una quiebra u otros puntos oscuros en su informe, es posible que su puntaje disminuya cuando se elimine una parte de esos elementos negativos. En lugar de estar en el punto más alto de la reunión de los quebrados, como tal, ha caído a la base de la siguiente reunión: las personas que tienen mejor crédito. Con mayor frecuencia, eliminar un error probablemente no ayudará a su puntaje tanto como podría haber confiado y probablemente no le permitirá obtener una tasa de interés superior. No hay garantías con una rápida recuperación.

Hace bastante tiempo, los corredores y otros profesionales de préstamos podían ocuparse de estos problemas. En los días previos a la utilización generalizada de un puntaje de crédito, un corredor o un oficial de préstamos podría mediar para persuadir a un prestamista de que ignore los errores o pequeñas imperfecciones en el archivo de crédito de un cliente. Todos comprendieron que los errores en los informes de crédito eran comunes y que tener una garantía de préstamo completa de su solvencia con frecuencia podía completar un arreglo.

Sin embargo, con la llegada de la calificación crediticia y los procesos de préstamos automatizados, esas oportunidades de defender a los clientes se evaporaron rápidamente. Los profesionales de préstamos compartieron la insatisfacción de los consumidores cuando las agencias continuaron reportando información incorrecta, información que con frecuencia afectaba las calificaciones crediticias y generaba tasas y términos más horribles de los que el prestatario merecía. Los corredores de hipotecas necesitaban un enfoque para atravesar la burocracia y acelerar el proceso. Las agencias de informes crediticios gratuitos, con su personal específico más pequeño, comenzaron a satisfacer la necesidad. Estos son los medios por los que funciona. Su agente de préstamos o agente obtiene pruebas de usted de que se ha cometido un error y envía esa prueba a la agencia de crédito que proporciona el servicio de recuperación rápida.

Los registradores, por lo tanto, tienen asociaciones poco comunes con los burós de crédito que permiten que sus solicitudes se tramiten rápidamente. El servicio de recuperación transfiere pruebas de errores a departamentos únicos en las agencias de informes crediticios, y los departamentos se comunican con los acreedores (por lo general, de manera electrónica). En el caso de que el acreedor esté de acuerdo en que se cometió un error, las oficinas actualizan rápidamente su informe de crédito. Después de que eso ocurra, se puede calcular otra calificación crediticia. El gasto de este servicio suele estar entre $ 50 y $ 100 por cada "línea comercial" o cuenta que se remedia, aunque algunas agencias brindan la recuperación sin cargo adicional, como parte de una parte de los servicios prestados a los profesionales de préstamos.

La presencia de una recuperación rápida no cambia la forma en que debe ser proactivo con respecto a su crédito. Meses antes de solicitar cualquier préstamo, debe solicitar copias de sus informes y comenzar a probar cualquier error. Asimismo, debe mantener su correspondencia sobre estos errores. Todas las cosas consideradas; Los registradores rápidos generalmente requieren algún tipo de seguimiento en papel para

241

demostrarle a la oficina que los errores de hecho existen. En cualquier caso, si termina muy involucrado con la obtención de una hipoteca y se repite un viejo problema, la recuperación rápida puede ayudarlo a deshacerse del problema y evitar el arreglo.

Considerándolo todo, ¿cómo descubrirías uno de estos servicios? En caso de que ya esté administrando un agente de préstamos o un corredor de hipotecas, pregúntele si se acerca a un servicio de recuperación rápida. Si su profesional de préstamos nunca ha sabido acerca de la reactivación rápida (es un avance lo suficientemente continuo como algunos no lo han hecho) solicite que se comunique con la agencia que le proporciona los informes crediticios a su organización para verificar si es accesible.

Aumente su puntaje en 30 a 60 días

Reconstruir su crédito a veces puede ser un proceso terriblemente lento, sin embargo, puede tomar un par de rutas fáciles que pueden aumentar su puntaje en tan solo un mes o dos, como se mencionó en los segmentos adjuntos.

Paga tus líneas de crédito y tarjetas de crédito

Probablemente, el método más rápido para respaldar una puntuación es reducir la proporción de uso de la deuda: la distinción entre las cantidades de crédito renovable que tiene a su disposición y la cantidad que está utilizando. Un enfoque sencillo para mejorar su proporción es redistribuir su deuda. En el caso de que tenga un gran saldo en una tarjeta, por ejemplo, probablemente podría transferir una parte de la deuda a otras tarjetas. Por lo general, es mejor para sus puntajes tener pequeños saldos en varias tarjetas que un gran saldo en una sola tarjeta. También puede explorar la posibilidad de obtener un préstamo a plazos personal con su asociación de crédito o banco cercano, y utilizar el efectivo para pagar sus tarjetas. Solicitar el préstamo puede afectar un poco sus calificaciones; sin embargo, eso probablemente se verá más que compensado por el desarrollo de sus puntajes al disminuir los saldos de sus tarjetas de crédito. (Las fórmulas de calificación crediticia son sustancialmente más delicadas con los saldos de la deuda renovable, por ejemplo, las tarjetas de crédito, que con los saldos de los préstamos a plazos).

Utilizar tus tarjetas de crédito a la ligera

Una gran diferencia entre sus saldos y sus límites es lo que le gusta ver a la fórmula de puntuación, y realmente no le importa si paga sus saldos en su totalidad cada mes o si los acumula de un mes a otro. Lo que marca la diferencia es la cantidad de sus límites de crédito que realmente está utilizando en algún momento aleatorio. Algunas personas exigen que han respaldado sus puntajes pagando sus tarjetas en su totalidad un par de días antes de que se cierre el anuncio. En el caso de que los patrocinadores de sus tarjetas de crédito, por regla general, envíen facturas alrededor del día 25, por ejemplo, estas personas verifican sus saldos en línea unos siete días antes y pagan lo que se adeuda, además de un par de dólares para cubrir cualquier cargo que puede manifestarse antes del 25. Cuando las facturas están realmente impresas, sus saldos están bastante cerca de cero. (En el caso de que utilice este método, simplemente asegúrese de realizar un segundo pago después de que aparezca su anuncio si su saldo aún no es cero. Eso asegurará que no se dañe con cargos atrasados, y realmente, que puede ocurrir, a pesar de que realizó un pago antes en el mes).

Concéntrate en corregir los grandes errores en tus informes crediticios

Si la bancarrota, los cobros o las cancelaciones de esa otra persona aparecen en su informe, probablemente se beneficiará al eliminarlos. Si una cuenta que cerró se informa como abierta, probablemente deba ignorarla. Tener una cuenta como "cerrada" en su archivo no puede respaldar su puntaje y puede dañarlo.

Utiliza el proceso de disputas en línea de las oficinas

Algunos veteranos de corrección de crédito juran que obtienen resultados más rápidos en este sentido, sin embargo, independientemente, tendrá que hacer copias impresas de todo lo que envía a las oficinas y de cada correspondencia que recibe de ellas.

Comprueba si puedes hacer que tus acreedores actualicen las cuentas positivas

No todos los acreedores informan a cada una de las tres agencias y algunos no informan de manera confiable. Si es así, puede conseguir que un acreedor informe una cuenta que está al día; sin embargo, es posible que vea un golpe rápido en su puntuación.

Capítulo 11: Hechos poco conocidos sobre el crédito

Secretos de las tarjetas de crédito revelados

El primer paso al solicitar una tarjeta de crédito es conocer el propósito real por el que elige solicitar una tarjeta de crédito en primer lugar. Algunas personas encuentran muy atractivas las tarjetas de crédito con recompensa en efectivo. Mientras que otras personas pueden querer solicitar una tarjeta de crédito que ofrezca una introducción de 12 a 18 meses con una tasa de interés del 0%, para que puedan realizar compras sin pagar intereses durante un tiempo específico y aprovechar las transferencias de saldo. Hay muchas más razones por las que los consumidores solicitan tarjetas de crédito, pero es importante conocer los entresijos de las tarjetas de crédito para que pueda tomar decisiones bien informadas.

Una de las cosas más importantes que un consumidor debe saber antes de solicitar una tarjeta de crédito es su puntaje crediticio. Los consumidores con un crédito excelente generalmente califican para las mejores ofertas, pero tener un crédito promedio o deficiente a menudo significa que el consumidor pagará tasas de interés más altas y posiblemente tarifas anuales elevadas.

Entendiendo las tasas de interés

Entonces, solicitó recientemente una tarjeta de crédito que ofrece 0% por 6 meses, avance rápido dos semanas después, revisó su correo y allí está su nueva tarjeta de crédito con un límite de $ 5000. Está emocionado porque planeaba usar la tarjeta de crédito para reservar un viaje a Cancún y pagar la tarjeta durante los próximos cinco meses. Así que no perdió el tiempo para reservar su boleto y su habitación de hotel; también compró cosas que cree que son necesarias para sus viajes, como ropa y zapatos nuevos. En poco tiempo, el saldo de su tarjeta de crédito subió a $ 4,500, pero no se preocupa ahora porque está planeando pagar su deuda antes de que expire el período de gracia del 0% de introducción de seis meses. Lamentablemente, no pudo cancelar su tarjeta de crédito antes del período de gracia de intereses de seis meses. Para empeorar las cosas, solo estaba haciendo un pago mínimo de aproximadamente $ 105 cada mes. Pero seis meses después, sus pagos mínimos se aplicaban al interés y al capital del saldo de su tarjeta de crédito, en lugar de aplicarse solo al saldo del capital. Por lo tanto, si tuviera que seguir haciendo el pago mínimo de $ 105, le habría llevado 56 meses liquidar la tarjeta de crédito. También habría pagado aproximadamente $ 1,280 en pagos de intereses.

Tasa de porcentaje anual

Cuando solicitó inicialmente una tarjeta de crédito, su tasa de porcentaje anual (TPA) era del 11,24%. Sin embargo, ¿qué significa todo esto para ti? La TPA es el costo anual de pedir dinero prestado de su tarjeta de crédito. La TPA se aplica específicamente a la tasa de interés que se cobrará, si el saldo de su tarjeta de crédito no se paga en su totalidad en la fecha de vencimiento o antes.

Tipos de TPA

Por lo general, existen varios tipos de TPA que se aplican a su cuenta de tarjeta de crédito. Por ejemplo, hay una TPA para compras. Hay una TPA para adelantos en efectivo, transferencias de saldo; Existe una TPA que generalmente entra en vigencia cuando realiza un pago atrasado o si viola cualquier otro término de su contrato de tarjeta de crédito.

¿Puede aumentar la tasa de mi tarjeta de crédito?

La tasa de su tarjeta de crédito puede aumentar si una tasa promocional ha expirado, la tasa de su tarjeta de crédito puede aumentar cuando no sigue los términos de su tarjeta de crédito, cuando se realizan cambios en un plan de administración de deuda y si su tasa variable aumenta. ¿Qué es exactamente un plan de gestión de la deuda?

Un plan de gestión de la deuda es un acuerdo oficial entre un acreedor y un deudor relacionado con una deuda que el deudor tiene con el acreedor. El programa también está diseñado para ayudar al prestatario a pagar más rápidamente su deuda pendiente. Un plan de gestión de la deuda o un plan de alivio de la deuda es a menudo un servicio que ofrece una empresa externa a alguien que no puede pagar sus deudas en cuentas no garantizadas. La empresa de terceros (empresa de alivio de la deuda) cobrará el pago del deudor y luego lo distribuirá al acreedor. Un deudor a menudo utiliza una empresa de alivio de la deuda, porque la empresa puede ayudarlo a evaluar su deuda, ayudar al deudor a elaborar un presupuesto, establecer un marco de tiempo para pagar su deuda y negociar con los acreedores en su nombre.

Un deudor generalmente entra en un plan de gestión de deuda con un acreedor cuando se enfrenta a dificultades financieras que le dificultan hacer incluso los pagos mínimos de su préstamo o tarjeta de crédito. Lo más probable es que el plan de gestión de la deuda incluya un acuerdo que permita al deudor realizar un pago asequible al acreedor. El acreedor probablemente aceptará reducir drásticamente la tasa de interés sobre el saldo del deudor o eliminar por completo los intereses sobre el saldo del deudor.

Agencias de crédito

Las agencias de crédito son organizaciones privadas de miles de millones de dólares cuya razón principal para existir es hacer efectivo; eso es lo que las organizaciones impulsadas por los ingresos hacen. Conservan los datos que los prestamistas les proporcionan, independientemente de si son exactos o inexactos, sobre nuestra asociación crediticia con ellos y los venden. ¡Este sencillo plan de acción genera más de $ 4 mil millones por año!

Una fuente de ingresos para ellos se origina en la venta de la información de nuestros informes crediticios a diferentes prestamistas, gerentes, agencias de seguros, organizaciones de tarjetas de crédito y cualquier otra persona que usted apruebe para ver su información crediticia. Además del hecho de que les proporcionan datos crudos; sin embargo, también les venden varios métodos para examinar los datos y decidir el riesgo de extendernos el crédito. Además de intercambiar nuestra información con los prestamistas, también nos la venden (puntajes de crédito, administraciones de observación de crédito, seguridad de extorsión, prevención de fraudes al por mayor). Curiosamente, esta región ha obtenido rápidamente quizás la mayor fuente de ingresos. Además, esas ofertas pre-aprobadas en nuestra carta caen cada semana; ¿correo basura? Así es; también obtuvieron nuestra información de las agencias de crédito. Las organizaciones aceptan la asistencia proporcionada por las tres agencias de informes crediticios que les venden un resumen de la información crediticia del consumidor que se ajusta a un criterio predeterminado.

En la actualidad, a diferencia del pensamiento predominante, las agencias de informes crediticios no tienen ninguna contribución sobre si debe recibir un respaldo para un préstamo o no; que se basa absolutamente en los criterios crediticios del prestamista con el que está trabajando. Sin embargo, al utilizar la totalidad de la información que se ha establecido en su informe de crédito (información personal, historial de pagos y propensiones crediticias) y la técnica de FICO para calificar esos datos, les dicen qué tan solvente es usted.

Origen e historia de las agencias de crédito

En las últimas décadas, el crédito se ha vuelto cada vez más fácil de obtener. Las tarjetas de crédito, por ejemplo, alguna vez se dieron a las clases más ricas ante el ojo público y se utilizaron solo ocasionalmente. Hacia principios del siglo XXI, prácticamente el 50% de todos los estadounidenses tenían en cualquier caso una tarjeta de crédito ampliamente útil (es decir, una tarjeta Visa, MasterCard, American Express o Discover). El ascenso del crédito como método típico para comprar necesidades, extravagancias y todo lo demás implica que los burós de crédito procesan más información y son una parte más crucial de la economía general que en cualquier otro momento en la memoria reciente. Las agencias de crédito también monitorean e investigan los datos obtenidos de un número creciente de préstamos para viviendas, automóviles y otras cosas de alto costo.

Hoy en día, las agencias de crédito acumulan constantemente información de los acreedores (bancos; garantes de tarjetas de crédito; organizaciones hipotecarias, que tienen experiencia práctica en prestar dinero en efectivo a compradores de viviendas; y diferentes negocios que extienden crédito a personas y empresas) y la acumulan en archivos de consumidores y empresas, mientras actualiza sus archivos actuales. Además de los datos recopilados de los acreedores, los archivos de crédito también pueden contener el historial comercial de una persona, direcciones anteriores, nombres falsos, declaraciones de quiebra y remociones. Por lo general, la información permanece en un informe crediticio durante siete años antes de ser evacuada.

La mayor parte de las agencias de crédito al consumidor cercanas y provinciales en los Estados Unidos son reclamadas por o están bajo acuerdo con una de las tres administraciones esenciales de informes crediticios del consumidor a las que se hizo referencia anteriormente. Cada una de estas tres organizaciones reúne y se apropia de la información por separado, y los puntajes e informes crediticios varían un poco de una oficina a otra. Cada organización mantiene alrededor de 200 millones de archivos singulares de crédito al consumidor. Con frecuencia, un prestamista utilizará un promedio de las evaluaciones crediticias proporcionadas por las tres agencias únicas al elegir si concede un préstamo.

La oficina de crédito empresarial básica en los Estados Unidos es Dun and Bradstreet. D and B tienen archivos de crédito en más de 23 millones de asociaciones en Norteamérica y en más de 100 millones de empresas en todo el mundo. Además de brindar a los acreedores información importante para decidir las capacidades de un solicitante de crédito, las agencias de informes crediticios hacen que sus datos sean accesibles para propósitos cada vez más cuestionables. Por ejemplo, los anunciantes de correo estándar compran regularmente información de las agencias de informes crediticios mientras continúan buscando clientes potenciales. Si alguna vez ha recibido una carta en la que se le revela que ha sido pre-aprobado para una tarjeta de crédito en particular a una tasa de porcentaje anual en particular, es válida; La organización de la tarjeta de crédito definitivamente se da cuenta de su calificación crediticia y debe asegurarse de haberlo confirmado previamente para la tarjeta predefinida. Los futuros gerentes y propietarios a veces también compran historiales crediticios.

¿Qué hacen las agencias de crédito?

Las agencias de crédito recopilan información de diversas fuentes de acuerdo con la información del consumidor. La actividad se realiza por diversos motivos e incluye datos de consumidores singulares. Se incluye la información relativa a los pagos que cobran las personas y su obtención. Utilizada para evaluar la solvencia crediticia, la información proporciona a los prestamistas un resumen de sus cuentas en caso de que se requiera el reembolso del préstamo. Las tasas de interés que se cobran en un préstamo también se calculan en función del tipo de puntaje crediticio que muestra su experiencia. Por lo tanto, no es un procedimiento uniforme y su informe de crédito es el instrumento significativo que afecta los préstamos futuros.

Con base en la valoración basada en el riesgo, fija varios riesgos en los distintos clientes de esta manera, decidiendo el costo que adquirirá como prestatario. Realizado como calificación crediticia, es una asistencia brindada a diversas partes interesadas del público. Los antecedentes crediticios terribles se ven afectados en su mayor parte por compromisos judiciales resueltos que lo marcan con altas tasas de interés todos los años. Los embargos de impuestos y las quiebras, por ejemplo, lo excluyen de las líneas de crédito convencionales y pueden requerir una gran cantidad de arreglos para que el banco ofrezca cualquier préstamo.

Las oficinas recopilan y examinan información crediticia, incluidos datos financieros, información personal y datos electivos. Esto lo dan varias fuentes generalmente marcadas como proveedores de datos. Estos tienen una asociación excepcional con los burós de crédito. Una recopilación promedio de proveedores de datos estaría formada por acreedores, prestamistas, servicios públicos y agencias de cobro de deudas. Cualquier asociación que haya tenido participación en el pago del consumidor está calificada, incluidos los tribunales. Los datos recopilados para esta situación se entregan a los burós de crédito para su agrupación. Cuando se acumula, los datos se colocan en repositorios y archivos específicos reclamados por la oficina. La información se pone a disposición de los clientes que la soliciten. La idea de tal información es importante para los prestamistas y administradores.

La información es de esta manera material en diversas condiciones; la evaluación crediticia y el pensamiento empresarial son simplemente parte de ellos. Asimismo, el consumidor puede requerir la información para verificar su puntaje individual y el propietario de la vivienda puede necesitar verificar el informe de sus habitantes antes de alquilar un apartamento. Dado que los prestatarios saturan el mercado, las puntuaciones serán, en general, robóticas. Un examen sencillo se ocuparía de esto dándole al cliente un cálculo para una evaluación rápida. Verificar su puntaje una vez cada dos años debería tratar los errores en su informe.

Las personas del público están calificadas para un informe crediticio gratuito de cada una de las oficinas importantes. Los informes comerciales, por ejemplo, Paydex, se pueden obtener a pedido y son de pago. Las expresiones legales para los burós de crédito incorporan la agencia de informes crediticios, CRA en los EE.UU. Esto está organizado en la Ley de Informe de Crédito Justo, FCTA. Otras reglas gubernamentales asociadas con la garantía del consumidor incluyen la Ley de Transacciones de Crédito Justas y Precisas, la Ley de Facturación de Crédito Justa y la Regulación B. Además, se han creado órganos estatutarios para la regulación de los burós de crédito. La Comisión de Comercio Justo actúa como controlador para las agencias de informes crediticios del consumidor, mientras que la Oficina del Contralor de Moneda se desempeña como gerente de todos los bancos que actúan como proveedores.

Transunion, Equifax y Experian

Tres agencias de crédito importantes. Las agencias de crédito populares tienen un efecto significativo en todos los consumidores, pero muchas personas no conocen estas empresas ni cómo funcionan.

- Experian
- Equifax
- Trans Unión

El enfoque ideal para administrar su crédito de manera competente y asumir la responsabilidad de sus circunstancias financieras es estar informado. Esto requiere un breve período y esfuerzo de su parte, sin embargo, dado que sus puntajes de crédito son tan importantes para manejar sus cuentas y ahorrar efectivo, es su deber conocer todo lo que pueda sobre las agencias de crédito que formulan evaluaciones de crédito. Para ayudarlo a comenzar a ejecutar esa estrategia, algo de información sobre Transunion, Experian y Equifax, las agencias de crédito principales en los EE.UU.:

Transunion

Transunion tiene lugares de trabajo en todo el país que administran varias partes del crédito: administración de crédito, robo de identidad y otros problemas crediticios; y tipos de clientes de crédito, por ejemplo, consultas personales, comerciales y de prensa. Si descubre errores en su informe crediticio de Transunion, puede llamarlos al 800.916.8800 o visitar su sitio para debatirlos. Si cree que es una víctima del robo de identidad, llámelos al 800.680.7289 lo antes posible.

Experian

Al igual que otras agencias de crédito, Experian ofrece una amplia gama de diversas administraciones para personas, empresas y los medios de comunicación, más bien, alientan a los huéspedes a utilizar formularios en línea para preguntas, informes de robo de identidad y diferentes problemas.

Equifax

Equifax, con sede en Atlanta, GA, también tiene varios departamentos para ayudar a las personas con varios tipos de preguntas e inquietudes. Su sitio web también está configurado para que las personas utilicen formularios en línea para abordar errores, informar el robo de identidad y manejar diferentes inquietudes. En cualquier caso, si alguien cree que su identidad ha sido robada, el individuo en cuestión puede, no obstante, llamar al 888.397.3742 para denunciarlo a Equifax. Si ese alguien detecta un error en su informe de crédito de Equifax, esa persona debe utilizar el número de contacto en el informe para cuestionarlo. No hay un número en el sitio para describir errores.

Estas son las 3 agencias de crédito del país y cada una adopta una estrategia alternativa para permitir que las personas se pongan en contacto con ellos para plantear consultas o abordar cualquier problema que puedan estar encontrando. En lugar de llegar legítimamente a las agencias de informes crediticios, muchas personas prefieren utilizar una administración de verificación de crédito para que les ayude a gestionar su crédito y mantenerse al margen de sus fondos. Todos los burós de crédito tienen proyectos comparativos; sin embargo, la mayoría de la gente prefiere utilizar una organización gratuita para ayudarles con estos problemas. De esa manera, obtienen una perspectiva imparcial de su puntaje crediticio y muchos más dispositivos para administrar y mejorar de manera proactiva sus calificaciones crediticias.

Estas empresas tienen una gran trayectoria en la industria financiera. También conocida como agencia de informes crediticios, recopila información financiera sobre los consumidores y combina esta información en un solo informe. Dado que estas oficinas funcionan de forma independiente, el informe de crédito que genera una sola oficina para un individuo podría ser ligeramente diferente del informe de otra oficina. Aunque hay agencias de informes crediticios más pequeñas, las tres principales sirven a una parte más significativa del mercado.

Las agencias de crédito tienen un modelo de ganancias fascinante. Los prestamistas, los bancos y muchas otras empresas comparten mucha información sobre sus clientes con los burós de crédito de forma gratuita. Las agencias de informes crediticios procesan esta información y la ponen a la venta, en forma de informe crediticio, a diferentes partes que requieren información sobre su historial financiero y más.

Pensar en un solo número para representar su puntaje de crédito es demasiado simple. De hecho, tiene varias puntuaciones de crédito, cada una calculada y mantenida por una empresa diferente. Por lo general, estas puntuaciones están muy próximas entre sí, pero casi siempre varían al menos en algunos puntos.

Entraremos en la razón por la que las puntuaciones son diferentes un poco más adelante, pero tiene que ver con la forma en que recopilan información. Su puntaje de cualquiera de estas tres compañías se llamará su puntaje FICO (también puede ser un puntaje BEACON de Equifax). Si se llama de otra manera, es solo una estimación. Como descubriremos más adelante, eso puede estar bien en algunos casos, pero es algo que debe tener en cuenta.

Además de las tres empresas, cada una mantiene hasta 7 puntuaciones diferentes por persona. Para nuestros propósitos, solo nos centraremos en lo que se llama la partitura clásica o genérica. Entonces, de aquí en adelante, las palabras "puntaje" o "puntaje de crédito" significan el puntaje clásico o genérico. Es el más utilizado para la mayoría de los propósitos (comprar una casa u obtener un préstamo), y los otros puntajes lo seguirán hacia arriba o hacia abajo en su mayor parte. No estamos preocupados por dos o tres puntos aquí, estamos buscando los cambios más grandes que podamos hacer con el menor esfuerzo.

Tratar con agencias de crédito

Hoy, donde la economía está en su punto débil, tener un buen crédito es una herramienta necesaria. Esto se debe a que le permite obtener préstamos para la vivienda, préstamos para automóviles, tarjetas de crédito y otros servicios e instrumentos financieros convenientes. Es posible que pueda vivir sin tener un buen crédito.

Puede discernir la agencia de crédito que tiene su expediente mirando cualquier carta de rechazo que haya recibido de una solicitud de crédito reciente.

Si está tratando con la oficina de crédito que maneja su archivo, tenga en cuenta que pertenece al negocio de recopilar y vender información. Como tal, no debe proporcionarles ningún detalle que no sea necesario legalmente.

Cuando ya tenga su informe de crédito, asegúrese de verificar si hay algún error o discrepancia. Si encuentra algo que sea cuestionable en su informe, puede enviar a la agencia de crédito una solicitud por escrito para que investiguen el error. En general, la oficina de crédito tiene la carga de documentar todo lo que se incluye en su informe de crédito. Si la agencia de crédito no investiga el error o descuida su solicitud de investigación dentro de los 30 días, el error debe eliminarse.

Debe informarse sobre las obligaciones legales de las agencias de crédito para tener un proceso de reparación de crédito exitoso. Antes de tratar con ellos, asegúrese de conocer todos los aspectos legales para no terminar pagando por algo que no debería cobrar una tarifa. Recuerde, las agencias de crédito también son negocios y poseen muchas empresas de reparación de crédito.

Aprovechar al máximo las agencias de crédito

Es un poco molesto saber que las tres agencias de crédito tienen datos financieros confidenciales. Sin embargo, no existe ningún método para evitar que los prestamistas y las entidades de cobranza compartan su información con las empresas mencionadas.

Puede limitar los posibles problemas asociados con las agencias de informes crediticios evaluando sus informes crediticios anualmente y actuando de inmediato en caso de que observe algunos errores. También es bueno controlar sus tarjetas de crédito y otros productos de crédito abiertos para asegurarse de que nadie esté haciendo un mal uso de las cuentas. Si tiene una tarjeta que no usa con frecuencia, regístrese para recibir alertas en esa tarjeta para que le notifiquen si se produce alguna transacción y revise periódicamente los extractos de sus tarjetas activas. A continuación, si nota algún signo de fraude o robo, puede optar por congelar el crédito con las tres agencias de crédito y ser diligente en el seguimiento de la actividad de su tarjeta de crédito en el futuro.

Cómo obtienen tu información las oficinas

Para saber cómo se calcula el puntaje, primero debemos conocer todas las diferentes entradas de su puntaje, es decir, de dónde obtienen la información las oficinas. Puede tener muchos factores que reportan información a las agencias de informes crediticios, o ninguno.

Las tarjetas de crédito se denominan cuentas renovables o deuda renovable por los burós de crédito. Se informa cada pago mensual y saldo, así como cualquier pago atrasado. Esto significa que cualquier tarjeta que tenga su nombre también se reportará a todas las oficinas. Esto incluye tarjetas que pertenecen a un cónyuge o padre. Si eres un usuario autorizado en la cuenta, se informa sobre tu crédito pase lo que pase. Muchas personas tienen su crédito arruinado por un cónyuge o padre que se declara en bancarrota o no paga las facturas de su tarjeta de crédito. Si su nombre está en alguna tarjeta de crédito que pertenece a personas que no pueden pagar sus facturas, ¡pídales que eliminen su nombre de inmediato!

Los préstamos a plazos también reportan información a los burós de crédito. Si fue a su *Sears* local y financió un juego de lavadora/secadora haciendo un pago inicial, eso es un préstamo a plazos. Se informan todos los detalles de estos préstamos; el saldo total, así como la puntualidad y los montos de sus pagos mensuales.

Si tiene hipotecas o préstamos para estudiantes, esa información se informa. Se informan los montos totales adeudados, el total pagado hasta el momento y el estado de los pagos mensuales. Toda esta información se mantiene rastreada y organizada en sus bases de datos.

Conclusión

Si desea reparar su crédito, aquí hay algunos pasos que podrían ser más efectivos. El primer paso es reunir sus finanzas y hacer un presupuesto. A veces, el problema no se trata tanto de pagar lo que debe, sino de las prioridades. Luego, ahorre un fondo de emergencia de al menos $ 1000 en caso de gastos inesperados que surjan en el futuro. A continuación, aborde las agencias de cobranza. Muchos de ellos trabajarán con usted si les explica su situación y están dispuestos a pagar menos del monto total si puede pagarlo. Podría valer la pena buscar un asesor de crédito, ya que a veces puede ayudar con los acreedores y facilitar las cosas en su situación financiera.

El servicio de reparación de crédito es un proceso que crea un historial financiero preciso para un cliente y ayuda a aumentar su puntaje crediticio. Una de las formas en que se puede aumentar su puntaje crediticio es obteniendo nuevos préstamos, cancelando préstamos antiguos y realizando pagos a tiempo. Un buen puntaje crediticio le dará acceso a mejores tasas de interés, así como a otros servicios financieros.

Su puntaje de crédito se verá afectado independientemente de si lo arreglan o no. Y, debido a que la compañía de reparación de crédito le está cobrando una tarifa para corregir su puntaje, es probable que tenga que pagar por sus servicios en el futuro. Hay muchos sitios web que enumeran las principales compañías de reparación de crédito, y aunque algunos de ellos funcionan, algunos de ellos solo están tratando de obtener su dinero. Además, algunas personas piensan que las empresas de reparación de crédito son legítimas y luego terminan pagando por sus servicios de todos modos. Es la solución más sencilla porque puede atender llamadas telefónicas de estas empresas, pero tenga cuidado. Debe asegurarse de no dar ninguna información de contacto personal a estas empresas de reparación de crédito porque son falsificaciones. Si desea utilizar una empresa de reparación de crédito, investigue un poco por su cuenta antes de darles información personal. Si no está seguro acerca de la compañía de reparación de crédito, puede ir al *Better Business Bureau* y ver cuántas quejas tienen. Además, consulte el sitio web del departamento de estado para ver si hay quejas contra la empresa. Si hay cientos de quejas de que son una empresa estafadora, no les dé dinero. Créame, es mejor prevenir que curar.

Puede estar en negación sobre el estado de su crédito, pero si planea solicitar préstamos o tarjetas de crédito, es imperativo que intente arreglarlo. Hoy en día, las personas confían más que nunca en sus puntajes crediticios para determinar su elegibilidad para préstamos y otros tipos de crédito. Estas empresas están altamente capacitadas en el arte de reparar el crédito y pueden ayudarlo a evitar algunos de los escollos más comunes. Si ha sufrido un golpe grave en su puntaje debido a pagos atrasados o quiebras, podrían pasar años antes de que su puntaje recupere su antigua gloria. Esto se debe a que a sus acreedores les lleva tiempo actualizar sus registros con su estado actual, usted debe saldar las deudas pendientes y hacer sus pagos a tiempo. Si ha realizado algunos pagos atrasados recientemente o ha dañado su puntaje crediticio de alguna otra manera, comuníquese con el acreedor o la agencia de informes del consumidor. Explique que ha tenido algunos problemas recientemente, pero que ahora está trabajando para rectificar la situación y le gustaría llegar a un acuerdo de pago. Muchos acreedores y agencias trabajarán con consumidores que muestren un deseo sincero de pagar sus deudas.

Finalmente, mi opinión sobre la mejor manera de mejorar su crédito es hacer un presupuesto para usted y ceñirse a él. Si puede evitar hacer eso, entonces su crédito estará en buena forma.

CPSIA information can be obtained
at www.ICGtesting.com
Printed in the USA
BVHW051026210721
612519BV00002B/185